Leomar A. Brustolin

A FÉ CRISTÃ PARA CATEQUISTAS

Conteúdos e sugestões práticas

Paulinas

Dados Internacionais de Catalogação na Publicação (CIP)
(Câmara Brasileira do Livro, SP, Brasil)

Brustolin, Leomar Antônio
A fé cristã para catequistas : conteúdos e sugestões práticas / Leomar Antônio Brustolin. – 3. ed. – São Paulo : Paulinas, 2015.

Bibliografia
ISBN 978-85-356-3930-8

1. Catequese - Igreja Católica - Ensino bíblico 2. Catequistas - Educação 3. Fé 4. Vida cristã I. Título.

15-03740 CDD-268.3

Índice para catálogo sistemático:
1. Catequistas : Formação bíblica : Educação religiosa : Cristianismo   268.3

Direção-geral: *Flávia Reginatto*
Editores responsáveis: *Vera Ivanise Bombonatto e Antonio Francisco Lelo*
Copidesque: *Anoar Jarbas Provenzi*
Coordenação de revisão: *Marina Mendonça*
Revisão: *Sandra Sinzato e Marina Siqueira*
Direção de arte: *Irma Cipriani*
Gerente de produção: *Felício Calegaro Neto*
Capa e produção de arte: *Manuel Rebelato Miramontes*
Ilustrações: *Arquivo Paulinas*

3ª edição – 2015
2ª reimpressão – 2024

Nenhuma parte desta obra poderá ser reproduzida ou transmitida por qualquer forma e/ou quaisquer meios (eletrônico ou mecânico, incluindo fotocópia e gravação) ou arquivada em qualquer sistema ou banco de dados sem permissão escrita da Editora. Direitos reservados.

Cadastre-se e receba nossas informações
paulinas.com.br
Telemarketing e SAC: 0800-7010081

Paulinas
Rua Dona Inácia Uchoa, 62
04110-020 – São Paulo – SP (Brasil)
📞 (11) 2125-3500
✉ editora@paulinas.com.br

© Pia Sociedade Filhas de São Paulo – São Paulo, 2008

A FÉ CRISTÃ PARA CATEQUISTAS

Apresentação

Quem trabalha em comunidade, especialmente o catequista, conhece os desafios para a evangelização atual. Vivemos um tempo fascinante. Fascinam o progresso, a ciência e a técnica; as inéditas linguagens e os novos meios de entender o tempo e o espaço. Por outro lado, aumenta o número de pessoas excluídas desse fascínio. A injustiça social, a crise dos relacionamentos familiares, o individualismo e a apatia pelas causas comunitárias sinalizam o quanto vivemos entre luzes e sombras. Tudo isso causa grande impacto na catequese. Não é possível empenhar-se apenas na formação de crianças e adultos para receberem os sacramentos. É nossa missão preparar discípulos e discípulas de Jesus capazes de anunciar a vida que se manifesta em Jesus Cristo. Mas como falar de Deus nesse contexto? Ou melhor, como não falar de Deus diante disso tudo?

Entre os desafios e as possibilidades para a catequese, ressoa o convite da Conferência de Aparecida: "Conhecer a Jesus Cristo pela fé é nossa alegria; segui-lo é uma graça, e transmitir esse tesouro aos demais é uma tarefa que o Senhor nos confiou ao nos chamar e escolher" (CELAM. *Conferência de Aparecida*. São Paulo, CNBB/Paulinas/Paulus, 2007. Introdução, n. 18). A herança da fé recebida deve ser repassada às futuras gerações. A catequese, portanto, deve comunicar a beleza de ser cristão. Para isso, devem-se buscar formas criativas para a comunicação com o mundo atual. Nesse sentido, afinado com o *Diretório Nacional de Catequese* (São Paulo, Paulinas, 2006), aprovado pela CNBB, o objetivo desse trabalho é proporcionar elementos para uma catequese centrada na Palavra de Deus, celebrada na vida e na liturgia das comunidades, inculturada em nosso país e baseada numa Igreja de comunhão e participação.

O texto destina-se aos catequistas das diferentes etapas catequéticas, ou seja, tanto os que atuam com crianças quanto os que exercem sua missão

APRESENTAÇÃO

com adultos. Não é um manual, mas uma ferramenta que pretende colaborar na formação e preparação dos encontros. O livro tem como princípio o ato de crer, de entregar a vida nas mãos do Deus revelado em Jesus Cristo. A primeira parte desenvolve os temas da fé no Deus Trindade, verdade fundamental de nossa fé. Em seguida, apresentam-se os títulos relativos a Jesus Cristo, sua vida, paixão, morte e ressurreição, para suscitar o seguimento ao Mestre e Senhor. A parte seguinte refere-se à missão; por isso trata da Igreja, em uma perspectiva de compromisso e envolvimento, como discípulos de Jesus. A quarta parte explicita a fé celebrada e refletida nos sacramentos que acompanham a trajetória da vida humana. A Palavra, o rito, o símbolo e os gestos se unem para fazer resplandecer a presença de Deus no meio de seu povo. A última parte aborda a fé na vida eterna, professa a esperança no futuro que Deus nos prometeu e preparou.

Cada tema será tratado seguindo uma estrutura que possibilite a síntese sobre o assunto. Os primeiros parágrafos, após o título, pretendem dar uma visão resumida da temática. Em seguida, são citadas passagens bíblicas para o catequista colocar-se "À luz da Bíblia", ou para escolher algum texto a ser usado no encontro. Segue a seção "Na fé da Igreja", que é uma parte mais doutrinária e importante para compreender o conteúdo da fé cristã. Algumas questões relacionadas ao assunto são tratadas na terceira seção, chamada "Aprofundando o tema". Em seguida, apresenta-se o "Testemunho de vida" de santos, beatos ou pessoas conhecidas por seu empenho em viver e anunciar o Evangelho de Jesus. Dentre eles, há brasileiros que marcaram a Igreja e nosso país pelo amor a Deus e ao próximo. A quinta seção, "Crer e celebrar", procura aproximar catequese e liturgia, e evidencia aspectos celebrativos da fé; são orações, gestos e ritos que pretendem celebrar o que se aprofundou na Palavra e na fé da Igreja. Finalmente, seguem algumas "Orientações práticas": atividades, símbolos ou dinâmicas que reforçam o tema do encontro, usando uma linguagem mais simbólica e lúdica.

Este livro, enfim, quer colaborar para que a pluralidade de iniciativas já existentes na catequese de nosso país possa ser enriquecida ainda mais. É hora de investir em diferentes instrumentos para formar os discípulos e missionários de Jesus. As situações mudam, os desafios se tornam cada vez mais complexos, e a fé cristã, ao ser adaptada aos diferentes contextos, continuará proclamando com alegria: Jesus Cristo é o mesmo ontem, hoje e sempre, porque nele todos têm vida em abundância (cf. Hb 13,8; Jo 10,10).

I

CREIO EM DEUS

O que é ter fé?

A fé é uma adesão pessoal, necessária à salvação. Mas é, também, dom divino, porque o Espírito Santo a aperfeiçoa e a sustenta. O ato de crer em Deus – Pai, Filho e Espírito Santo – é consciente, requer liberdade, se dá na Igreja (mãe e mestra) e coloca toda a pessoa humana diante de Deus, o qual existe e ama a todos. É um confiar que busca o conhecimento e a compreensão do que se crê, mesmo que de forma imperfeita, dando as razões da fé e visando à experiência de Deus.

 À luz da Bíblia

Já que é impossível agradar a Deus sem a fé (cf. Hb 11,6), e que a fé sem as obras não tem valor (cf. Tg 2,20), chega-se à certeza de que o justo vive pela fé (cf. Rm 1,17). Da mesma forma que há um só Senhor e um só Batismo, há uma só fé (cf. Ef 4,5), e aquele que caminha pela fé, e não pela visão (cf. 2Cor 5,7), como os apóstolos (cf. Lc 17,5), humildemente, diz ao Senhor: "Aumenta a minha fé!". Mesmo se ela for do tamanho de uma semente de mostarda (cf. Mt 17,20), ela pode curar e salvar (cf. Mt 9,22).

 Na fé da Igreja

O ato de crer não significa ter tudo claro e demonstrável, pois aquele que tem fé não fica livre de dúvidas sobre o que acredita. Acreditar é confiar, mas um confiar que não é cego, porque a própria fé deseja compreender. Uma das tarefas da catequese é, justamente, o conhecimento da fé que introduz a pessoa na compreensão e experiência do mistério da Santíssima Trindade revelado por Jesus Cristo, da Sagrada Escritura, da Igreja, da Sagrada Tradição e das fórmulas de fé, de modo especial o Creio. Então, é preciso que não se separem inteligência e emoção. Somente quem ama e sabe que Deus é amor (cf. 1Jo 4,16) confia nele, a ponto de pôr em jogo, nesse compromisso, o sentido de sua existência.

A fé é não um saber teórico, mas sim uma realidade vivida pelos membros da comunidade cristã. Quando a pessoa professa a fé, fonte e centro de toda a vida religiosa, inicia dizendo "Creio". A fé é, então, a resposta da pessoa humana ao Deus que se revela e se doa, iluminando a própria pessoa na busca do sentido último de sua vida. No entanto, a recepção, profissão e vivência dessa fé se dão na Igreja e através dela, já que, como mãe e educadora, ela procura ensinar as pessoas a abraçar a fé. E como Deus foi o primeiro a amar-nos (cf. 1Jo 4,10), ele mesmo não cessa de atrair-nos para si. Nós cremos em Deus, e isso é diferente de crer numa criatura, como a pessoa humana, por exemplo. Para a Igreja, os pais são os primeiros educadores na fé.

Para crer, é necessário ter liberdade, porque é uma aceitação pessoal e livre de todo ser humano. A Igreja proíbe que alguém seja forçado a abraçar a fé. Ela é dom divino, um presente que Deus concede a seus filhos e filhas para que o conheçam e o amem, como fonte de toda a vida, fundamento de toda a fé e motivo maior de nossa esperança. Crer em Deus significa colocar toda a capacidade humana de entender a vida e o mundo diante de uma verdade maior: Deus existe e nos ama. Toda pessoa que se aproxima de Deus percebe que não pode fazer outra coisa senão tornar-se cada vez mais próxima dele. Essa é uma decisão pessoal, mas não é um ato isolado, porque ninguém pode crer sozinho.

Crer em Deus é garantir que nada pode separar o coração da pessoa humana do amor divino. Depois que alguém se sente tocado pela mão de Deus, nunca mais esquece essa experiência e os benefícios recebidos, porque ele fala ao coração, através de sinais, palavras e gestos que marcam para sempre a vida do crente.

Jesus Cristo mostra de forma perfeita que Deus é Pai, e, levado por seu grande amor, fala aos homens como seus amigos, entretendo-se com eles, para convidá-los à comunhão consigo. Atualizando a revelação acontecida anteriormente, a catequese é um dos meios pelos quais Deus continua a se manifestar às pessoas. Ao Deus que se revela, a pessoa humana livremente se entrega, aceitando a revelação feita por ele e respondendo com a fé, mediante o auxílio do Espírito Santo, que continuamente a aperfeiçoa por meio de seus dons. Todos precisam, no entanto, continuar progredindo na fé e no conhecimento do Senhor, mesmo que somente até certo ponto, desenvolvendo seus fundamentos e dando as razões da esperança (cf. 1Pd 3,15).

Seguindo o *Catecismo da Igreja Católica*, podemos resumir da seguinte maneira o conjunto das verdades que professamos em nossa fé:

- *crer* em Deus, Uno e Trino, Pai, Filho e Espírito Santo, em seu mistério de salvação;

- *celebrar* o mistério pascal nos sacramentos, que têm o Batismo e a Eucaristia como centro;

- *viver* o grande mandamento do amor a Deus e ao próximo, buscando a santidade;

- *rezar* para que o Reinado de Deus se realize.

Aprofundando o tema

A Origem do Creio

O *Símbolo dos Apóstolos* (o Creio) é considerado o resumo fiel da fé dos apóstolos. É o antigo símbolo batismal da Igreja de Roma, onde Pedro, o primeiro apóstolo, teve sua sede. Já o *Símbolo Niceno-constantinopolitano* resultou dos dois primeiros Concílios Ecumênicos (Concílio de Niceia I, em 325, e Concílio de Constantinopla I, em 381).

Só a Bíblia é Palavra de Deus?

A Palavra de Deus não se restringe somente à Sagrada Escritura, mas engloba, também, a Sagrada Tradição da Igreja (textos dos primeiros padres e teólogos, liturgia das primeiras comunidades...), herdada dos apóstolos. Portanto, a Tradição e a Escritura estão unidas e constituem uma só fé. Ambas devem ser aceitas e veneradas com igual sentimento de piedade e reverência.

Testemunho de vida: *Papa Paulo VI,* **o homem de fé**

Paulo VI nasceu em 26 de setembro de 1897. Eleito Papa em 1963, como sucessor de João XXIII, concluiu o Concílio Vaticano II. Paulo VI foi um homem de paz em tempo de guerras, conflitos ideológicos e terrorismo. Se hoje é possível visualizar novos horizontes de concórdia entre os povos, isso também é mérito de Paulo VI, que, para isso, contribuiu com seu "estilo": o diálogo. Fez isso com palavras e o fez também fisicamente, dobrando os joelhos em terra. Essa era sua atitude natural. Foi um papa grande na humildade e humilde na grandeza. Paulo VI foi um "construtor do futuro", profeticamente voltado para a civilização do amor. Ciente de sua missão, assim rezava Paulo VI: "Lembra-te, Senhor, de que sou criatura tua; lembra-te de que me suscitaste para a vida!". Foi beatificado em 2014 e canonizado em 2018, pelo Papa Francisco. Sua festa litúrgica é em 29 de maio.

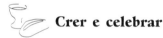 **Crer e celebrar**

A tradição cristã conserva duas formulações que resumem toda a nossa fé. São chamados "símbolos" ou "credos". Entre nós, costuma-se mais rezar o Creio Apostólico, mas em muitos países recita-se o Creio Niceno-constantinopolitano. Ambos, de formas diferentes, professam a mesma verdade.

Símbolo dos Apóstolos (o Creio)
Creio em Deus Pai todo-poderoso,
criador do céu e da terra.
E em Jesus Cristo, seu único Filho, Nosso Senhor,
que foi concebido pelo poder do Espírito Santo;
nasceu da Virgem Maria;
padeceu sob Pôncio Pilatos, foi crucificado, morto e sepultado.
Desceu à mansão dos mortos;
ressuscitou ao terceiro dia,
subiu aos céus;
está sentado à direita de Deus Pai todo-poderoso,
donde há de vir a julgar os vivos e os mortos.
Creio no Espírito Santo;

na Santa Igreja Católica;
na comunhão dos santos;
na remissão dos pecados;
na ressurreição da carne;
na vida eterna.
Amém.

Símbolo Niceno-constantinopolitano

Creio em um só Deus, Pai todo-poderoso,
criador do céu e da terra,
de todas as coisas visíveis e invisíveis.
Creio em um só Senhor, Jesus Cristo,
Filho Unigênito de Deus,
nascido do Pai antes de todos os séculos:
Deus de Deus,
luz da luz,
Deus verdadeiro de Deus verdadeiro,
gerado, não criado, consubstancial ao Pai.
Por ele todas as coisas foram feitas.
E por nós, homens, e para nossa salvação,
desceu dos céus:
e se encarnou, pelo Espírito Santo,
no seio da Virgem Maria,
e se fez homem.
Também por nós foi crucificado
sob Pôncio Pilatos; padeceu e foi sepultado.
Ressuscitou ao terceiro dia,
conforme as Escrituras,
e subiu aos céus,
onde está sentado à direita do Pai.
E de novo há de vir, em sua glória,
para julgar os vivos e os mortos;
e o seu reino não terá fim.
Creio no Espírito Santo,
Senhor que dá a vida,
e procede do Pai e do Filho;
e com o Pai e o Filho é adorado e glorificado:

ele que falou pelos profetas.
Creio na Igreja,
una, santa, católica e apostólica.
Professo um só Batismo
para a remissão dos pecados.
E espero a ressurreição dos mortos
e a vida do mundo que há de vir.
Amém.

 Orientações práticas

O *Creio* expressa a fé da comunidade. Procuremos vivenciar essa realidade com uma dinâmica que integra as verdades da fé com a necessidade de conviver.

No chão, com um giz ou cordas, formar um retângulo de vinte ou trinta centímetros de largura e o comprimento de acordo com o número de participantes, colocados lado a lado, encostados uns nos outros. Quando os participantes estiverem no retângulo, entregar a cada um, em ordem aleatória, alguma parte do *Creio*, numa folha dobrada (o número de folhas deverá ser igual ao número de participantes, podendo conter uma única palavra ou expressão). Em seguida, explica-se a eles que deverão fazer uma fila, sem pisar fora do retângulo (sem sair do espaço marcado). Depois de a fila pronta, pede-se a eles que ordenem as folhas segundo a sequência correta do *Creio*, mas sem ajuda externa e sem sair do espaço delimitado.

2

Deus Pai Criador

O Creio inicia com a afirmação de fé de que Deus Pai é o criador de tudo o que existe. Deus é o criador do céu e da terra e de toda vida existente. Criar significa que não existia nada antes e que Deus fez surgir todas as coisas. A criação é obra da Trindade, mas Deus Pai teve a iniciativa, por sua bondade e liberdade, de fazer todas as coisas. A fé cristã não explica como o mundo foi criado, nem como evolui. Afirma que a vida vem de Deus. Ele é a origem de tudo o que existe no mundo.

À luz da Bíblia

"No princípio, Deus criou o céu e a terra" (Gn 1,1). O primeiro versículo da Bíblia revela Deus como criador de todas as coisas. Deus criou do nada, sem matéria alguma. Sua Palavra criava e ordenava todas as coisas e, após seu gesto criador, viu que tudo era bom. "Deus disse: haja a luz e houve a luz. Deus viu que a luz era boa" (Gn 1,3-4). No relato da criação do mundo existe uma série de símbolos que representam o próprio momento que o povo de Israel vivia. No primeiro dia, separou a luz das trevas (cf. Gn 1,4), indicando que o povo necessitava de discernimento. No segundo dia, foram feitos o firmamento e as águas, e, no terceiro, separaram-se a terra e as águas (cf. Gn 1,6-10). Isso porque o povo sentia saudades de voltar à sua terra de origem. No quarto dia, Deus criou os luzeiros (cf. Gn 1,14-19). O povo necessitava organizar sua vida litúrgica, que era regulada pelos horários do dia. No quinto, Deus criou os seres vivos, as plantas com seus frutos e as diversas espécies de animais (cf. Gn 1,20-25). Após o mundo ter condições de habitação, Deus fez os seres vivos. Por fim, Deus fez o ser humano à sua imagem e semelhança: "Façamos o homem à nossa imagem e semelhança" (Gn 1,26a), e Deus deu ao homem toda a obra da criação para que tirasse dela seu alimento, para que a povoasse e se multiplicasse. Deus criou o homem e a mulher de forma especial, à sua imagem e semelhança, dotou-os de grande dignidade, muito acima de todo o restante da criação. No sétimo dia, Deus contemplou sua criação e viu que tudo era bom. Então, Deus descansou. Por isso, o povo judeu observa o sábado como dia de descanso e agradecimento ao Deus criador.

No segundo relato da criação, a Bíblia revela que ainda não havia cultivo na terra, pois Deus não havia feito o homem. "Então, Iahweh Deus modelou o homem com a argila do solo, soprou-lhe nas narinas um hálito de vida e o homem se tornou um ser vivente" (Gn 2,7). Assim, Deus criou o ser humano, modelado com barro para significar que é um ser mortal. A palavra humano vem do latim *humus*, matéria orgânica, terra fértil, ou mesmo da palavra hebraica *Adam* [Adão], que significa filho da terra, vida que brota da terra, revelando que o homem é feito para produzir vida. O relato também mostra a criação da mulher, retirada da costela do homem, porque ela tem a mesma dignidade do homem. "Deus fez cair um torpor sobre o homem, e ele dormiu. Tomou uma de suas costelas e fez crescer carne em seu lugar. Depois, da costela retirada do homem, Deus modelou uma mulher e a trouxe ao homem" (Gn 2,21-22). Ambos viviam no paraíso, lugar de perfeita harmonia com Deus que só foi quebrada pelo pecado humano. Ao comerem o fruto que estava no centro do jardim, desobedeceram à ordem de Deus e tornaram-se conhecedores do bem e do mal, um conhecimento destinado apenas a Deus e não à criatura humana. Assim, foram expulsos do paraíso.

 Na fé da Igreja

A fé professada pela Igreja ensina que Deus é o criador de tudo o que existe. Deus não fez o mundo para aumentar sua glória ou para ser mais perfeito; isso em nada aumenta seu poder. Mas Deus, por ser amor, não quis permanecer fechado em si mesmo, quis sair de si e criar o mundo para revelar aos homens sua glória. Deus não quis viver apenas para si, quis doar sua vida para os outros. O mundo foi criado por amor; por isso a criação reflete o amor de Deus. Ele teve liberdade para criar o mundo. Em seu gesto criador, toda a Trindade participa da criação. Deus Pai teve a iniciativa de fazer todas as coisas com a participação das outras duas Pessoas da Trindade como se fossem dois braços que participam de sua obra. Isso nós encontramos no

Gênesis; Deus disse: "haja a luz, e a luz se fez", aqui está a participação do Verbo de Deus, de sua Palavra: Jesus Cristo. A Palavra de Deus é criadora e coloca ordem na criação. Também percebemos, pelo relato, que o Espírito de Deus pairava sobre as águas. Deus Pai criou tudo por meio de seu Filho na força do Espírito Santo. Assim, todo ato criador tem sua origem em Deus. Criar significa que não existia nenhuma matéria anterior ao que foi criado. Não existia nada, e Deus criou toda a matéria e vida existentes. Deus não é como o artista, que se serve de um corpo para formar outro corpo ou dá forma a uma matéria que já existe, modificando apenas seu formato. Deus não utiliza matéria alguma para criar, ele utiliza sua Palavra, e todas as coisas são criadas. A fé cristã não ensina de que forma o mundo foi criado, mas afirma que toda a vida tem origem em Deus. Descobrir e explicar como foi o surgimento do mundo é tarefa da ciência. Essa tarefa é responsabilidade da ciência. Ela vem ajudar a fé a compreender a origem da vida. A razão e a fé não se excluem, mas se complementam. Deus criou tudo por amor, por bondade e, no fim de cada ato criador, viu que tudo era bom.

Toda a criação é manifestação do amor de Deus. O mal que existe no mundo não tem origem em Deus, é fruto do mau uso da liberdade e das capacidades que Deus nos concede. O homem prefere viver sem seu Criador, prefere seguir seu egoísmo a fazer a vontade de Deus. As pessoas possuem responsabilidades com o mundo criado. Não podemos, portanto, destruir a natureza.

 **Aprofundando o tema**

Ciência e religião

A ciência e a revelação bíblica em muitos momentos foram entendidas como opositoras na explicação da origem do mundo. Na Idade Média, pensava-se que a visão bíblica fosse uma explicação literal da criação. O relato bíblico mostraria literalmente como tudo iniciou e teria sido tal e qual está na Bíblia. Com a revolução científica, as teorias evolucionistas tornaram-se opositoras do relato bíblico, mostrando que seria uma leitura fantasiosa, algo impossível de ter acontecido. A Bíblia não é um livro científico, não revela com exatidão como o mundo surgiu, mas ela mostra, de forma verdadeira, que Deus é a origem de tudo. O homem é fruto de um processo evolutivo e não surgiu pronto na Terra como mostra a figura de Adão e Eva. Mas, com o tempo, perceberam que o relato bíblico não está em desacordo com a ciência; pelo contrário, esta última afirma que a sequência relatada na criação é perfeitamente coerente com a teoria da evolução das espécies.

Criado para cuidar

O relato de Gn 1,26 utiliza a expressão "dominar a terra". Na mentalidade industrial, com a exploração do meio ambiente, parecia que o homem estava cumprindo a ordem de Deus. Porém, a crise ambiental (destruição das florestas e da camada de ozônio, poluição, aquecimento global, falta de água etc.) revela que essa não é a vontade de Deus. A Bíblia nos mostra que o homem é o administrador, o cuidador da criação. Ele tem lugar especial na criação, porém isso não lhe permite agir de qualquer forma. Por seu trabalho, o homem modifica a natureza, transforma-a e é transformado por ela, mas precisa dar-se conta da fraternidade proclamada por São Francisco. O homem também precisa respeitar a natureza, manter a harmonia do mundo. Nos tempos de crise ecológica, falar de criação é também falar de preservação do mundo e da vida.

Por que existem dois relatos da criação do mundo? A Bíblia possui dois relatos da criação do mundo, mas isso não significa que tivemos duas "criações do mundo". Como vimos, a Bíblia não é um livro de ciência. É um livro que utiliza os símbolos próprios da cultura da época, assim como nós utilizamos símbolos em nossa comunicação. Os relatos têm origem em leituras diferentes. São duas formas que grupos diferentes usaram para dizer a mesma coisa: Deus é o criador do mundo. A primeira é atribuída a uma fonte sacerdotal; é mais teológica, quer dar uma classificação lógica da criação do mundo; os seres vivos são chamados à existência por Deus dentro de uma ordem crescente de dignidade, dos mais simples até chegar ao ser humano. Em Gn 2,4b inicia-se outro relato da criação; narra a criação do homem, distinta da criação do mundo, e a criação da mulher. Em ambos os relatos, que se completam, Deus sempre é o criador da vida.

Testemunho de vida: *São Francisco de Assis, o cantor da criação*

São Francisco viveu entre 1181 e 1226, e é reconhecido pelo louvor prestado a Deus por sua obra. Existe uma fraternidade universal, todos somos criaturas de Deus. O ser humano, a natureza, tudo possui uma origem comum, tudo foi feito graças à bondade do Deus criador. Por isso, há uma dignidade própria para tudo. O santo nos ensina a harmonia do universo, como uma grande família, com laços tão estreitos que chama o Sol de irmão, a Lua e a Água de irmãs. Assim, seu cântico exalta o Deus criador.

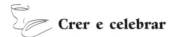 **Crer e celebrar**

Cântico das criaturas

Altíssimo, Onipotente, Bom Senhor!
Teus são o louvor, a glória, a honra e toda a bênção.
Louvado sejas, meu Senhor, com todas as tuas criaturas,
especialmente o senhor irmão Sol, que clareia o dia e que com sua luz nos ilumina.
Ele é belo e radiante, com grande esplendor; de ti, Altíssimo, é a imagem.
Louvado sejas, meu Senhor, pela irmã Lua e pelas estrelas, que no céu formaste,
claras, preciosas e belas.
Louvado sejas, meu Senhor, pelo irmão vento, pelo ar e pelas nuvens,
pelo sereno e todo tempo com que dás sustento às tuas criaturas.
Louvado sejas, meu Senhor, pela irmã água, útil e humilde,
preciosa e casta.
Louvado sejas, meu Senhor, pelo irmão fogo, pelo qual iluminas a noite.
Ele é belo e alegre, vigoroso e forte.
Louvado sejas, meu Senhor, por nossa irmã, a mãe Terra,
que nos sustenta e governa, produz frutos diversos, flores e ervas.
Louvado sejas, meu Senhor, pelos que perdoam, pelo teu amor,
e suportam as enfermidades e as tribulações.
Louvado sejas, meu Senhor, por nossa irmã, a morte corporal,
de quem homem algum pode escapar.
Louvai todos e bendizei ao meu Senhor, dai-lhe graças e servi-o
com grande humildade.

Orientações práticas

- A criação é o começo de toda a obra da salvação. Criar é, do nada, fazer a vida surgir. Esse é o ato criador de Deus. Proporcionar aos catequizandos um momento de ausência dos sentidos (visão: olhos com vendas; audição: com algodão nos ouvidos; olfato: com algodão nas narinas). Em seguida, retirar a venda e os algodões e deixar que percebam os sons, as cores, os perfumes da natureza, para sentir o que significa criar do nada. Que sentido têm todas as coisas? Pensar na própria história, no surgimento da vida de cada um.

- Fazer um painel com imagens da natureza, para mostrar que Deus se revela na beleza de sua obra. Em outro painel, colocar imagens de lugares devastados pela ação do homem, para conscientizar sobre a necessidade da preservação ecológica. Expressar, assim, a diferença entre criar e destruir, cuidar ou devorar a natureza.

3

Jesus Cristo, Deus Filho

O cristão crê que Jesus Cristo, Senhor e Salvador, é o *Filho de Deus*, e é no Mistério Pascal de sua morte e ressurreição que se compreende esse nome. Mantendo-se firme ao projeto do Pai, ele, verdadeiro Deus e verdadeiro homem, se entregou até o fim, para a salvação e libertação do ser humano, expressando um amor ilimitado. Jesus Cristo, assumindo a condição humana, exceto no pecado, veio libertar a pessoa humana da escravidão do pecado, dando pleno cumprimento à Lei, e está no meio de nós, sendo o caminho para o Pai.

 À luz da Bíblia

Toda autoridade foi dada a Jesus Cristo no céu e sobre a terra (cf. Mt 28,18), é nele que habita, em forma corporal, toda a plenitude da divindade (cf. Cl 2,9), e onde foram criadas todas as coisas (cf. Jo 1,1-4; Cl 1,16; Hb 1,1-3). Pode-se dizer, então, como na resposta do eunuco a Filipe, "acredito que Jesus Cristo é o Filho de Deus!" (At 8,37) e como na resposta de Pedro: "Tu és o Messias, o Filho do Deus vivo" (Mt 16,16), professando, em todos os lugares, que Deus tornou Senhor e Cristo aquele Jesus que foi crucificado (cf. At 2,36), Filho Único do Pai (cf. Jo 1,14).

 Na fé da Igreja

As opiniões são diversas acerca de Jesus Cristo: uns pensam que ele foi somente um profeta que falou naquele tempo e continua inspirando a vida das pessoas; outros, que ele foi apenas um ser iluminado por Deus, um enviado e espírito puro, como se fosse somente mensageiro de Deus; outros, que Jesus Cristo era ou somente divino ou somente humano. Para os cristãos, contudo, dizer que Jesus Cristo foi somente isso é desconhecer tudo o que os apóstolos e a Igreja ensinaram sobre ele. Jesus é o próprio Deus que se fez homem e veio habitar no meio de nós. É o Senhor e Salvador. Anunciou ao mundo que Deus é Pai, que tem um Filho (Jesus Cristo) e que existe o Espírito Santo (a Terceira Pessoa da Santíssima Trindade, que procede do Pai e do Filho). Como o nome *Filho de Deus* representa a relação única de Jesus Cristo com o Pai, para ser cristão, é necessário crer que Jesus Cristo é, verdadeiramente, o *Filho de Deus*. Essa crença foi, desde o início, o centro da fé dos apóstolos, professada primeiramente por Pedro.

Jesus quer dizer, em hebraico, "Deus salva"; e *Cristo* vem da tradução grega do termo hebraico *Messias*, que quer dizer "ungido". Jesus Cristo é, portanto, o centro da catequese e só ele pode conduzir ao Pai. "Ele não veio para ser servido, mas para servir" (Mt 20,28) e salvar seu povo de seus pecados.

Jesus Cristo é, em uma única pessoa, a admirável união entre a natureza divina e a natureza humana. A pessoa humana é convidada a ser, no dia a dia, discípula e missionária dele, no caminho que ele nos abriu, e unida a todos os outros aos quais ele se entrega.

 **Aprofundando o tema**

Jesus não é iluminado, ele é a Luz; não foi criado, ele é Deus!

O Filho de Deus, Jesus Cristo, não foi *criado*, porque ele é eterno com o Pai e o Espírito Santo. Ele não é, portanto, uma *criatura* de Deus, como nós o somos, nem é de substância diferente da do Pai. Ele foi *gerado* (não criado) e é *consubstancial* (da mesma substância) ao Pai.

Só Jesus Cristo é o Salvador da humanidade!

Há muitas ofertas de salvação em todos os tempos. Há profetas e mensageiros que se concedem o direito de conduzir a humanidade. Mas é Jesus Cristo o único caminho que leva ao Pai. Por isso, para revelar o caminho, o Espírito Santo se vale de muitas ações da Igreja, que é chamada a conduzir a humanidade para Jesus Cristo, Filho de Deus.

O que quer dizer Filho Unigênito e Primogênito?

O Filho "Unigênito" é único, é o Filho próprio e eternamente amado do Pai. Dele só se diz que o Pai o envia ao mundo, o entrega por todos nós à paixão na cruz, o ressuscita dos mortos e o eleva como Senhor de seu Reino, até que o Filho entregue este Reino ao Pai e Deus seja, então, tudo em todos.

Com o termo "Primogênito" entre muitos irmãos, compreende-se que Jesus é o modelo para os irmãos e irmãs que se encontram na comunhão com o Pai e que unidos ao Filho tornam-se herdeiros do Reino vindouro. Isso é o que liga Jesus a muitos outros homens e mulheres. O que faz e sofre o Primogênito tem o caráter de originalidade, enquanto será repetido e multiplicado entre seus discípulos. O Filho Unigênito do Pai é ao mesmo tempo o guia de salvação e a liberdade para seus irmãos.

 Testemunho de vida: *Santo Atanásio,* **o defensor da verdade**

Santo Atanásio nasceu no Egito e viveu entre os anos 295 e 373. Eleito bispo de Alexandria, tornou-se um incansável defensor da divindade de Cristo, doutrina herdada dos apóstolos e que naquele momento era ameaçada por muitos, principalmente pelos arianos, os quais acreditavam que Jesus não era Deus, mas apenas uma criatura de Deus. Atanásio defendeu a divindade de Cristo pela voz e pela escrita, e por isso procuraram silenciá-lo. Foi exilado, mas viu triunfar seus ensinamentos sobre a divindade de Cristo. Santo Atanásio defendeu, com todas as suas forças, que Jesus era perfeitamente homem e perfeitamente Deus, sofrendo muitas perseguições por parte daqueles que viam em Jesus apenas um homem. Festa litúrgica em 2 de maio.

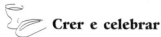 **Crer e celebrar**

O canto a seguir revela bem a condição divina de Jesus. Pode-se cantar ou rezar.

Jesus Cristo ontem, hoje e sempre!
Ontem, hoje e sempre, aleluia!

Ele é a imagem do Deus invisível
O Primogênito da Criação.
Tudo o que existe foi nele criado,
Nele encontramos a redenção.

Ele é a cabeça da Igreja, seu corpo
O Primogênito entre os mortais.
Que nele habite a vida mais plena
Foi do agrado de nosso Pai.

Reconciliou todas as criaturas.
Dando-nos paz pelo sangue da cruz.
Deus nos tirou do império das trevas
E nos chamou a viver na luz.

 Orientações práticas

- Fazer uma pesquisa com as pessoas da família, da escola ou do trabalho perguntando: *Quem é Jesus Cristo para você?* Avaliar as respostas e ver se as opiniões coincidem com a fé da Igreja sobre a divindade e humanidade de Jesus Cristo. Ler o texto de Marcos 8,27-29 e comparar as respostas de ontem e de hoje sobre a Pessoa de Jesus. Finalmente perguntar ao grupo: e nós? Quem é Jesus para nós?

- Encontrar na Bíblia as passagens em que Jesus reza ao Pai. Perceber a unidade entre o Filho e o Pai e citar o que mais chama a atenção nessas orações. Jesus reza ao Pai: no Batismo (cf. Lc 3,21); no deserto (cf. Lc 4,1-13); antes de um grande milagre (cf. Jo 11,41-42 – ressurreição de Lázaro); em uma grande alegria (cf. Mt 11,25 – "Pai, eu te louvo"); na escolha dos apóstolos (cf. Lc 6,12-14); ora por Pedro (cf. Lc 22,32); passa noites em oração (cf. Lc 5,16; 6,12); provoca vontade de orar (cf. Lc 11,1); na agonia (cf. Mc 14,32-39); no sofrimento da cruz (cf. Lc 23,34); na oração sacerdotal (cf. Jo 17,1-26); na hora de morrer (cf. Lc 23,46; Mc 15,34).

A Virgem Maria, Mãe de Jesus

Na vida da Igreja, Maria é uma presença. A história conhece relatos em que a Mãe de Deus acompanhou o crescimento da comunidade dos seguidores de Jesus. Nesse percurso foi se delineando cada vez mais o significado singular de Maria para os discípulos do Filho de Deus. Ela foi a mulher "cheia da graça do Senhor", escolhida entre todas para gerar em seu ventre o Filho Eterno de Deus feito homem. A Virgem cooperou com Deus para a salvação dos homens. Por causa dessa missão tão nobre, a jovem de Nazaré foi preparada e preservada pelo Pai de toda mancha do pecado, permaneceu sempre virgem e foi elevada ao céu. Maria é Mãe de Deus e Mãe da Igreja. Ela é a mãe que Jesus nos deu. Ela aponta sempre para o Filho, é um caminho que conduz a Jesus e, por ele, ao Pai.

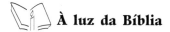 **À luz da Bíblia**

A carta de Paulo aos Gálatas fala do Filho de Deus que nasce de uma mulher: "Quando, porém, chegou a plenitude do tempo, enviou Deus o seu Filho, nascido de uma mulher" (Gl 4,4). Em Lucas o anjo anunciou a Maria que ela seria a mãe do salvador: "O anjo Gabriel foi enviado por Deus a uma cidade da Galileia, chamada Nazaré, a uma virgem desposada com um varão chamado José, da casa de Davi; e o nome da virgem era Maria. Entrando pela casa onde ela estava, disse-lhe: 'Alegra-te, cheia de graça, o Senhor está contigo'" (Lc 1,26-28). Maria recebe o convite para ser a mãe de Jesus, mas ela não compreende como isso acontecerá, pois não conhece nenhum homem. O anjo explica que será pela força do Espírito Santo que Maria conceberá e dará o nome de Jesus: "O Espírito Santo virá sobre ti e o poder do Altíssimo vai te cobrir com sua sombra" (Lc 1,35). Desde então, Maria passa a ser o modelo de obediência e serviço a Deus e ao próximo. Sua vida foi dedicada e orientada para Jesus "Eu sou a serva do Senhor; faça-se em mim segundo a tua palavra" (Lc 1,38). Mesmo quando não compreendia os gestos de Jesus, guardava tudo em seu coração e mantinha-se fiel ao projeto de Deus. O encontro de Maria com Isabel revela a novidade de Deus, que visita seu povo: a estéril Isabel e a Virgem Maria dão à luz esse novo tempo: para Deus nada é impossível (cf. Lc 1,39-41). Maria apresenta o menino no Templo, para cumprir a lei religiosa da época. No início da atividade pública de Jesus, Maria intercede a seu Filho pedindo ajuda nas bodas de Caná. A falta de vinho representava a falta de vida e alegria, e Maria, atenta às necessidades das pessoas, pede ajuda a Jesus (cf. Jo 2,1-11). Ela acompanhou a crucificação "Perto da cruz de Jesus, permaneciam de pé sua mãe" (Jo 19,25). Junto à cruz, João representa toda a humanidade que recebeu do Messias sua própria mãe, para ser nossa mãe também: "Mulher, eis teu filho" (Jo 19,26). Maria acompanha o surgimento da Igreja "perseverante na oração, com algumas mulheres, entre as quais Maria a mãe de Jesus, e com os irmãos dele" (At 1,14). O culto a Maria está fundamentado na própria revelação bíblica: "Doravante as gerações todas me chamarão bem-aventurada" (Lc 1,48). Maria serve de exemplo para todos os cristãos reconhecerem as maravilhas que Deus opera na vida de cada um. Com Maria podemos cantar o *Magnificat*, pela grandeza de Deus em sua vida e na história de seu povo. "Minha alma engrandece o Senhor, e meu espírito exulta em Deus meu Salvador" (Lc 1,46-47). Maria é exemplo de toda graça recebida e exemplo de perfeita resposta humana. Ela não substitui a mediação e o caráter redentor de Jesus, não quer se tornar o centro da fé cristã: "Fazei tudo o que ele vos disser" (Jo 2,5).

 Na fé da Igreja

Sabemos que só Jesus é o Senhor, o verdadeiro Deus que se fez homem para nos salvar. Mas, nessa obra de salvação, Maria tem um papel especial de cooperação. Ela disse "sim" aos planos de Deus e aceitou gerar em seu corpo o Salvador do mundo. A Igreja honra Maria com uma devoção muito especial, porque ela foi exaltada pelo próprio Senhor.

Os dogmas marianos

Os dogmas marianos manifestam a importância que a Igreja dá a Maria, a Mãe de Jesus Cristo. Em toda a longa tradição cristã, os dogmas marianos

A FÉ CRISTÃ PARA CATEQUISTAS   43

concentram nossa atenção na glória de Deus que brilha sobre a Mãe de Jesus. São verdades que iluminam a vida espiritual dos cristãos. Referentes a Maria, a Igreja afirma quatro dogmas: Maternidade Divina, Virgindade Perpétua, Imaculada Conceição e Assunção. Constituem verdades que os cristãos aceitam, aprofundam e vivenciam na comunidade de fé.

Maria, Mãe de Deus. Desde o início da Igreja, os cristãos invocam Maria como "Mãe de Deus". E assim ela foi proclamada pelo Concílio de Éfeso, no ano 431. Maria é Mãe de Jesus, e Jesus é Deus. Então, Maria é Mãe de Deus. Mas não é mãe de Deus Pai nem mãe do Espírito Santo. Ela é Mãe de Deus Filho, que se fez carne em Jesus e nasceu em Belém.

Virgindade Perpétua de Maria. Maria é sempre virgem. Ela foi virgem antes, durante e depois do parto. Conforme o evangelho de Mateus, José compreendeu que sua noiva havia ficado grávida pela ação do Espírito Santo e então aceitou a Virgem como esposa e a levou para sua casa, sem ter relações com ela (cf. Mt 1,18-25). O parto de Jesus não violou a virgindade de Maria; pelo contrário, consagrou por inteiro o corpo de sua mãe. A Virgindade Perpétua da Mãe de Jesus é o grande sinal de que ela foi fiel a Deus até o fim. Maria foi toda de Deus. Ela se entregou totalmente ao Pai e dedicou a ele todo o seu corpo, toda a sua vontade e toda a sua vida. Esse dogma se relaciona com o nascimento de Jesus, que foi verdadeiro, embora não tenha sido como os nascimentos comuns, visto que não pressupôs relação sexual prévia. Foi um pleno nascimento e, apesar da virgindade de sua mãe, foi uma plena maternidade.

Imaculada Conceição. O anjo já havia dito: Maria é cheia da graça de Deus (cf. Lc 1,28.30). O próprio Senhor a escolheu e preparou, desde sempre, para que fosse capaz de realizar tão alta missão de ser a Mãe do Filho de Deus. É isso que a Igreja ensina com o dogma da Imaculada Conceição: por causa de Jesus, Deus preservou Maria de toda mancha de pecado, para que ela pudesse ser uma morada digna para o Salvador. Então, desde sua conceição, isto é, desde o primeiro instante de sua vida, Maria foi "imaculada", que quer dizer, sem mácula, sem mancha de pecado. Em 8 de dezembro de 1854, o Papa Pio IX definiu o terceiro dogma mariano: Imaculada Conceição de Maria.

Assunção de Maria. A Assunção de Maria foi o último dogma a ser proclamado, por obra do Papa Pio XII, em 1950. Depois de terminar seus dias na terra, Maria foi elevada ao céu de corpo e alma. A Mãe de Deus, que foi protegida de toda ação do pecado, não poderia sofrer os efeitos da morte do corpo. Por isso seu corpo imaculado já está na glória de Deus. E é do céu que Maria continua cuidando e intercedendo pelos irmãos de seu Filho, nós todos que formamos a Igreja peregrina neste mundo. Maria é a Mãe da Igreja. Ela é a mãe que Jesus nos deu. Confiando nesse amor de mãe, a Igreja invoca Maria com os títulos de Advogada, Auxiliadora, Amparo e Medianeira de todas as graças.

Maria viveu por Jesus. Ele foi o centro de toda a vida dela, assim como deve ser o centro da vida de todos os cristãos. Jesus é o Caminho, a Verdade e a Vida. Só ele é a via que leva ao Pai. Para a fé da Igreja, Maria é a mãe que mostra e ensina a seguir o caminho do Filho. Ela nos leva a Jesus. Como em Caná da Galileia, a missão de Maria é sempre apontar para Jesus e lembrar-nos: "Façam tudo o que ele disser!" (Jo 2,5).

Por que temos poucos dados sobre a Mãe de Jesus?

Os evangelistas estavam, acima de tudo, preocupados com a pessoa de Jesus e sua missão. O centro dos evangelhos é Jesus, e não outra pessoa. Daí a razão de não apresentarem maiores informações a respeito de Maria. Nos evangelhos, não há também nenhuma notícia acerca de sua família. Lucas afirma que Maria era de Nazaré e José, seu esposo, era descendente de Davi (cf. Lc 1,26-27). A tradição posterior deu nome aos pais de Maria: Joaquim e Ana. Esses dois nomes aparecem num dos evangelhos apócrifos: o Protoevangelho de Tiago, que circulava nas primeiras comunidades cristãs. As Igrejas do Oriente adotaram essa tradição que, mais tarde, passou a fazer parte também das Igrejas do Ocidente. A celebração, no dia 8 de setembro, da festa da Natividade de Nossa Senhora, tem também origem na tradição oriental.

Aprofundando o tema

Maria teve outros filhos?

Os evangelhos, em algumas passagens, tratam os discípulos e discípulas de Jesus como se fossem irmãos e irmãs dele. "Esse homem não é o carpinteiro, o filho de Maria e irmão de Tiago, de Joset, de Judas e de Simão? E suas irmãs não moram aqui conosco?" (Mc 6,3). O que se entende com o termo "irmãos"?

Em primeiro lugar, é preciso lembrar que o hebraico (língua do povo da Bíblia) é uma língua muito pobre em sinônimos. Assim sendo, a palavra *ah*, que normalmente se traduz por "irmão", pode significar também primo, parente, companheiro, amigo. Os evangelhos foram escritos em grego. Nessa língua, irmão significa normalmente irmão de sangue. Mas, lendo as cartas de Paulo, nota-se que ele, escrevendo em grego, usa as palavras irmãos e irmãs com o significado que supera os laços de parentesco. Além disso, os estudiosos reconhecem que, apesar de terem sido escritos em grego, os evangelhos, muitas vezes, têm expressões e modos de falar próprios do povo da Bíblia.

Outro dado importante é que, em Marcos, existem dois Tiagos. Verificando as diversas passagens em que eles são citados, percebe-se que um deles é sempre associado a seu irmão João, filhos de Zebedeu. O outro é filho de Alfeu e certamente filho de Maria, que não é a mãe de Jesus. Essa Maria, mãe de Tiago, é também mãe de Joset. Assim, em Mc 6,3, Joset é chamado irmão de Jesus, enquanto em Mc 15,40, diz-se que Joset é filho de outra Maria, que não é a Mãe de Jesus. Eis uma prova de que as palavras irmãos e irmãs devem ser entendidas num sentido mais amplo.

As aparições de Nossa Senhora

Não se pode, de antemão, negar a possibilidade das aparições marianas. O problema fundamental é quanto à autenticidade. Compete ao ministério pastoral da Igreja esclarecer o fenômeno. O reconhecimento, por parte da Igreja, não significa obrigação de acreditar na aparição. A garantia dada pelo reconhecimento oficial da Igreja é de que a devoção não é mera superstição. O valor teológico das aparições deve, necessariamente, ser avaliado em relação à revelação dada em Jesus Cristo, ou seja, sempre a serviço da revelação. Uma aparição de Nossa Senhora não pode trazer nenhuma revelação universalmente obrigatória que vá mais além do que já está revelado em Cristo.

Imagens de Maria

Há quem acuse os católicos de idolatrar estátuas de santos e de Maria. Na Igreja, as estátuas e imagens não são adoradas. Elas parecem fotografias que nos recordam uma verdade maior: os santos e a Mãe de Deus que nos acompanham em nossa vida. Venerar a imagem assemelha-se ao pai que carrega a foto do filho na carteira. É um gesto de carinho. Se alguém pensar que Deus, os anjos, os santos e Maria estão nas imagens que representam, engana-se. Mas igualmente ninguém joga fora nem despreza foto de familiares. Por isso cuidamos muito das estátuas e pinturas que refletem os santos de Deus. É claro que a realidade deles é mais bela e maior; porém, elas nos ajudam a pensar no caminho que eles trilharam.

 Testemunho de vida: *Bernadete Soubirous, a vidente de Lourdes*

Bernadete nasceu em 7 de janeiro de 1844, em Lourdes, na França. Era a mais velha de seis filhos de uma família muito pobre. Foi empregada dos doze aos catorze anos. Depois foi pastora de ovelhas. Em 11 de fevereiro de 1858, mais ou menos na época de sua Primeira Comunhão, teve uma visão da Virgem Maria numa gruta perto de um rio. Sucederam-se dezoito novas visões nos cinco meses seguintes. Então a jovem foi levada a uma fonte de água no interior da gruta. Até hoje essa fonte tem feito muitas curas. Mais tarde, Bernadete mudou-se para o convento das Irmãs de Nevers, em Lourdes, onde aprendeu a ler e a escrever. As irmãs, que cuidavam dos doentes e indigentes, admitiram Bernadete na congregação quando a jovem completou vinte e dois anos. Sempre muito doente, ela morreu enquanto rezava à Virgem Maria. Faleceu em 16 de abril de 1879, em Nevers. O corpo de Maria Bernadete permanece incorruptível. Foi canonizada pelo Papa Pio XI em 1933. Desde a aparição da Virgem Maria à Bernadete, em 1858, mais de duzentos milhões de pessoas já visitaram o Santuário de Nossa Senhora de Lourdes.

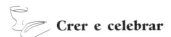 **Crer e celebrar**

Magnificat: O cântico de Maria
Minh'alma engrandece o Senhor
e se alegra o meu espírito em Deus, meu Salvador,
pois ele viu a pequenez de sua serva,
desde agora as gerações hão de chamar-me de bendita.
O Poderoso fez em mim maravilhas
e Santo é o seu nome!
Seu amor, de geração em geração,
chega a todos que o respeitam.

Demonstrou o poder de seu braço,
dispersou os orgulhosos.
Derrubou os poderosos de seus tronos
e os humildes exaltou.
De bens saciou os famintos
e despediu, sem nada, os ricos.
Acolheu Israel, seu servidor,
fiel ao seu amor,
como havia prometido aos nossos pais,
em favor de Abraão e de seus filhos para sempre.

Salve Rainha

Salve Rainha, Mãe de Misericórdia,
vida, doçura, esperança nossa, salve!
A vós bradamos, os degredados filhos de Eva;
a vós suspiramos, gemendo e chorando
neste vale de lágrimas!
Eia, pois, Advogada nossa,
esses vossos olhos misericordiosos a nós volvei,
e depois deste desterro mostrai Jesus,
bendito fruto de vosso ventre!
Ó clemente, ó piedosa,
ó doce sempre Virgem Maria.
Rogai por nós, Santa Mãe de Deus,
para que sejamos dignos das promessas de Cristo.

Ave-Maria

Ave Maria, cheia de graça,
o Senhor é convosco,
bendita sois vós entre as mulheres,
e bendito é o fruto do vosso ventre, Jesus.
Santa Maria, Mãe de Deus,
rogai por nós, pecadores,
agora e na hora da nossa morte.
Amém.

Orientações práticas

Convidar o grupo para pesquisar as histórias das aparições de Nossa Senhora, preferencialmente: Guadalupe, Aparecida, Fátima e Lourdes. Ver o que há de semelhante no relato de cada aparição. Ver quais são os aspectos que coincidem com a mensagem do Evangelho. Perceber como a presença de Maria nas diferentes culturas respeita as pessoas em seu mundo e estilo de vida, ao mesmo tempo em que insiste na vivência do que Cristo ensinou.

Jesus: Deus no meio de nós!

Maria, Virgem e Mãe, deu à luz um menino: Jesus Cristo, Filho de Deus, que foi concebido por obra do Espírito Santo. A ação para tal acontecimento é de iniciativa divina, e Nosso Senhor, sem perder a condição divina, assumiu nossa humanidade, exceto o pecado. É o mistério da união das duas naturezas numa única Pessoa do Verbo, Jesus Cristo, para a libertação do pecado, para iniciar o caminho da salvação e para comunicar a Boa-Nova do Reinado de Deus. Deus se fez homem e assumiu a humanidade inteira.

À luz da Bíblia

Ao chegar a plenitude do tempo, Deus enviou o seu Filho, nascido de uma mulher (cf. Gl 4,4). A Palavra que se fez carne e habitou entre nós (cf. Jo 1,14). Nasceu o Salvador, que é o Messias, o Senhor (cf. Lc 2,11). "O nascimento de Jesus foi assim: Maria era noiva de José, e antes que tivessem habitado juntos, eis que ela concebe por ação do Espírito Santo. José, seu esposo, que era um homem justo e não queria difamá-la, resolveu deixá-la em segredo. Como pensasse nisto, eis que o anjo do Senhor apareceu-lhe em sonho e lhe disse: 'José, filho de Davi, não temas de tomar contigo Maria como tua esposa, pois o que nela foi gerado vem do Espírito Santo. Ela dará à luz um filho e lhe porás o nome de Jesus, pois salvará seu povo dos pecados'. Ora, tudo isso aconteceu para que se cumprisse o que o Senhor tinha anunciado por meio do profeta: 'Eis que a Virgem conceberá e dará à luz um filho, a quem será dado o nome de *Emanuel*, que quer dizer *Deus conosco*' [Is 7,14]. Despertando do sono, José fez como lhe ordenara o anjo do Senhor; recebeu sua esposa, a qual, sem que ele a conhecesse, deu à luz um filho, a quem ele pôs o nome de Jesus" (cf. Mt 1,18-25).

Na fé da Igreja

Maria, a jovem de Nazaré, recebeu uma mensagem do céu, convidando-a a ser mãe de um menino muito especial: Jesus Cristo, nosso Senhor. Ela aceitou fazer a vontade de Deus, mas perguntou como aconteceria o nascimento do Messias, anunciado pelos profetas e esperado pelo povo. A resposta manifesta o poder do Espírito Santo: "O Espírito Santo virá sobre ti" (Lc 1,35).

José, o justo, era carpinteiro e não entendeu o que acontecera com Maria. Contudo, sonhou que um anjo lhe dissera para cuidar do filho de Maria e, mesmo sem entender tudo, mas confiando em Deus, assumiu e cuidou do menino, acolhendo-o como filho.

Quando nasceu o menino, numa família pobre e na humildade de um estábulo, deram-lhe o nome de Jesus, como havia sido anunciado. E foram visitá-lo, por primeiro, pastores pobres que cuidavam dos campos ao redor de Belém, já que, na noite do nascimento, eles foram avisados pelo céu de que o Salvador havia nascido. Do Oriente, foram até o Menino-Deus alguns homens sábios que viajavam guiados por uma estrela, e ofereceram-lhe ouro, incenso e mirra, porque reconheceram a majestade e a divindade do recém-nascido. Ouro, presente digno dos reis; incenso, recordando que o menino tem um sacerdócio muito especial: fazer a unidade entre céu e terra; e mirra, perfume utilizado na preparação dos defuntos, recordando que o menino deverá sofrer e morrer para trazer a libertação à humanidade. Esses sábios ou magos representam todas as pessoas que buscam Deus, de coração sincero, ajoelhando-se em sinal de adoração à divindade.

O Filho de Maria é o próprio Deus que assume a condição humana, porque, em Jesus, Deus se faz um de nós, sem perder a divindade, para a libertação do pecado e para abrir o caminho de salvação para toda a humanidade, reconciliando-a com Deus. Embora Jesus se apresente como um bebê, é preciso contemplar nas palhas da manjedoura muito mais: Deus quis entrar na história de modo novo e definitivo, num determinado contexto histórico, tornando a humanidade participante de sua divindade. Em Jesus Cristo, o céu e a terra se tocam, pois Deus se fez homem, e a pessoa humana "saltou" para Deus. A segunda Pessoa da Santíssima Trindade, que habita uma luz inacessível, torna-se humana no ventre de Maria, assumindo a humanidade e unindo-se a todo homem, fazendo-se semelhante a nós em tudo, exceto no pecado.

O Filho de Deus vem ao mundo e comunica a Boa-Nova do Reino de Deus, mostrando que ele não deseja impor sua vontade, mas sim permitir que as pessoas, baseadas na compreensão e no amor, o aceitem em suas vidas. A Palavra de Deus, fazendo-se carne, possibilita à pessoa humana o conhecimento do amor de Deus e é, para ela, modelo de santidade.

Aprofundando o tema

Quando nasceu Jesus?

Não sabemos exatamente o dia do nascimento de Jesus Cristo. Estipulou-se a data de 25 de dezembro porque, na Antiguidade, nesse dia celebrava-se uma grande festa no Hemisfério Norte que exaltava o Sol. Era a festa do Sol Vencedor. Essa festa comemorava o Sol que vence a noite e traz o calor, espantando as durezas do frio e do gelo. Os cristãos, então, usaram a mesma data para recordar o nascimento de Jesus: o Sol verdadeiro que ilumina todas as trevas, eliminando o erro e a escuridão da vida humana. Cristo é o verdadeiro Sol, que vence a noite do pecado do mundo. Como antigamente não havia instrumentos de medição tão eficazes como hoje, cometeu-se um pequeno erro na datação do nascimento de Jesus Cristo. Hoje se sabe que ele não nasceu no ano 1, mas, sim, por volta do ano 6 a.C.

Missa do Galo

Geralmente, a Missa do Galo era celebrada à meia-noite. Hoje, porém, devido aos problemas urbanos, antecipa-se o horário. A celebração é noturna, porque muitos acontecimentos importantes na vida de Jesus aconteceram durante a noite. Seu próprio nascimento e ressurreição se deram em plena madrugada, antes que o sol nascesse, e é justamente nesse período que o galo anuncia o fim das trevas e o surgimento de um novo dia.

Os Magos

Conforme conta a Tradição, os Magos do Oriente, guiados pela estrela, foram a Belém, levando em oferenda ouro, incenso e mirra. A visita, relatada no evangelho de Mateus, não traz muitos detalhes. Com o tempo, foram acrescidos dados sobre essas três figuras. Primeiro se acreditou que eram sábios astrólogos, membros da classe sacerdotal de alguns povos orientais, como os caldeus, os persas ou os medos. A partir do século VI, porém, a Tradição passou a considerá-los reis e os nomeou pessoalmente, atribuindo a cada um deles características próprias. Assim, Melquior seria o representante da raça branca, europeia; Baltasar representaria a raça amarela, habitante da Ásia, enquanto Gaspar pertenceria à raça negra, proveniente da África. O Evangelho quer nos mostrar com esse texto que, mesmo povos distantes e de culturas diferentes, reconhecem em Jesus o Messias, a Luz do mundo.

Árvore de Natal

Durante o inverno, os povos europeus tinham o costume de enfeitar suas casas com folhagens e árvores ainda verdes para alimentar a esperança de que a primavera se aproximava. Sob o ponto de vista religioso, a árvore de Natal, toda verde, é sinal de vida. As bolas nela penduradas significam os bons frutos oferecidos por Jesus à humanidade. O costume de montar a árvore de Natal sempre foi popular entre os alemães, mas só ganhou o mundo a partir de 1841, quando o príncipe Albert montou uma árvore no palácio real britânico.

Estrela de Natal

No ano 5 a.C., documentos astronômicos indicam que teria ocorrido uma grande explosão, resultando numa grande luminosidade que permaneceu no céu por inúmeros dias. Talvez esse seja o fato que originou a imagem da estrela de Belém, já que Jesus nasceu entre os anos 8 e 4 antes da chamada era cristã. A estrela serviu de guia para os magos até Belém. A estrela também é símbolo de Cristo – Luz do Mundo. "Eu sou a luz do mundo; quem me segue não andará nas trevas" (Jo 8,12).

Presépio

A iniciativa de montar o primeiro presépio foi de São Francisco de Assis, em 1224, na Itália. Ele foi preparado numa gruta, em um bosque, onde se representou a cena do nascimento de Jesus como foi descrita nos evangelhos. A partir de então, a tradição de montar o presépio ganhou o mundo.

 Testemunho de vida: *São Nicolau,* **o santo do Natal**

São Nicolau de Mira é o santo padroeiro da Rússia, da Grécia e da Noruega. É o patrono dos guardas-noturnos na Armênia e dos coroinhas na cidade de Bári, na Itália, onde estariam sepultados seus restos. Bispo de Mira, era de Petara, na Ásia Menor (Turquia), onde nasceu na segunda metade do século III; faleceu no dia 6 de dezembro de 342. A ele foram atribuídos vários milagres e profundo amor pelos pobres. Um vizinho seu chegou a tal extremo de pobreza que mandou suas três filhas virgens venderem o próprio corpo para, assim, não morrerem de fome. Para que isso fosse evitado, São Nicolau, passando três vezes à noite diante da casa do vizinho, deixou cada vez uma bolsa cheia de moedas de ouro e, com esse dote, cada uma das filhas teve um bom marido. Daí proveio sua popularidade em toda a Europa como aquele que presenteia em segredo. Este santo muito popular teve sua imagem relacionada e transformada no ícone do Natal, Pai Natal (Papai Noel no Brasil), um velhinho corado, de barba branca, trazendo nas costas um saco cheio de presentes. É tido como acolhedor dos pobres e principalmente das crianças carentes.

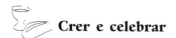

Crer e celebrar

Há uma oração muito apreciada pelos cristãos: o Ângelus. Ela se refere ao momento da Anunciação, quando o Anjo do Senhor convida Maria para participar do mistério da salvação. Geralmente essa oração é rezada ao meio-dia e às 18 horas. O Papa a reza publicamente aos domingos, ao meio-dia, quando grande multidão o acompanha na Praça de São Pedro e, através dos meios de comunicação, o mundo inteiro.

Ângelus

O anjo do Senhor anunciou a Maria.
   E ela concebeu do Espírito Santo.
Ave Maria...
Eis aqui a serva do Senhor.
   Faça-se em mim segundo a vossa palavra.
Ave Maria...
E o Verbo divino se fez homem.
   E habitou entre nós.
Ave Maria...
Rogai por nós, Santa Mãe de Deus.
   Para que sejamos dignos das promessas de Cristo.

*Oremos: Infundi, Senhor, em nossos corações a vossa graça, a fim de que, conhecendo, pela anunciação do Anjo, a encarnação de Jesus Cristo, vosso Filho, cheguemos pela sua paixão e morte à glória da ressurreição. Por nosso Senhor Jesus Cristo, vosso Filho, na unidade do Espírito Santo.
Amém.
Glória ao Pai...*

 Orientações práticas

- Preparar imagens do presépio (ou figuras de papel que representem cada personagem). Fazer uma gruta e o cenário: pastagens, montanhas etc. Preparar gravuras e fotos de revistas que apresentem o drama da fome, da guerra, da crise ecológica, das crianças abandonadas etc.
- Ler a narração do nascimento de Jesus contada em Lucas 2,1-17.
- Meditar com o grupo, colocando cada personagem na ordem da meditação.

(Entronizar a imagem de Maria no presépio.)
Certo dia, uma jovem de Nazaré, ao norte de Israel, recebeu uma mensagem do céu, convidando-a a ser mãe de um menino muito especial. O nome da jovem era Maria, e seu filho deveria se chamar Jesus. Ela ficou perturbada, porque era virgem e prometida em casamento ao carpinteiro José. Sem saber como tudo aconteceria e quais os problemas que poderiam ocorrer com seu noivo e com a sociedade da época, que apedrejava quem fosse acusada de adultério, ela disse: "Eis-me aqui, faça-se a vontade de Deus!".

(Entronizar a imagem de José.)
O carpinteiro José não conseguiu entender o que havia acontecido com sua noiva. Mas um sonho mudou sua atitude. Sonhou que um anjo lhe havia pedido para cuidar do filho de Maria, porque ele seria um menino muito especial e nele se cumpriria um projeto muito importante do céu. Sem entender tudo, mas confiando em Deus, José assumiu o menino e cuidou dele, acolhendo-o como filho. Não sabemos quase nada de José, a Bíblia apenas o descreve como "o justo".

(Entronizar a imagem de Jesus.)
Quando nasceu o filho de Maria, deram-lhe o nome de Jesus, como havia sido anunciado. O nome de Jesus significa "Deus que salva". Na verdade, o filho de

A FÉ CRISTÃ PARA CATEQUISTAS 55

Maria é o próprio Deus que assume a carne humana. Em Jesus, Deus se fez um de nós, veio morar em nosso meio, para nos libertar de todo mal e abrir o caminho da salvação para toda a humanidade. É preciso contemplar naquelas palhas da manjedoura muito mais do que um bebê, embora ele assim se apresente. Em Jesus, o céu e a terra se tocam, pois Deus vem nos visitar e iluminar nossos caminhos. O autor da vida, aquele que habita uma luz inacessível, aquele que ninguém jamais viu, torna-se humano no ventre de Maria, aparece entre nós na fragilidade de uma criança e assume em tudo, menos no pecado, a condição humana.

(Entronizar a imagem dos pastores e das ovelhas.)

Os pastores eram homens empregados para cuidar das ovelhas. Naquela noite do nascimento de Jesus, eles foram avisados pelo céu de que o Salvador, o Príncipe da Paz, havia nascido em Belém. Eles visitaram Jesus e anunciaram a todos essa grande notícia. A primeira visita ao Menino-Deus foi de pastores pobres que cuidavam dos campos ao redor de Belém.

(Entronizar as imagens dos Magos.)

O texto bíblico afirma que do Oriente vieram homens sábios que viajaram guiados por uma estrela e chegaram até o Menino-Deus. Diante dele, reconheceram a majestade e a divindade do recém-nascido e lhe ofereceram seus presentes: ouro, incenso e mirra. Esses sábios ou magos representam todas as pessoas que buscam a Deus de coração sincero, são de várias raças e culturas e viajam, seguem o caminho, guiados pela estrela da fé. Quando chegam diante da Verdadeira Luz, Jesus, ajoelham em sinal de adoração à divindade e oferecem seus dons: ouro, presente digno dos reis; incenso, recordando que o menino tem um sacerdócio muito especial: fazer a unidade entre céu e terra; e mirra, perfume utilizado na preparação dos defuntos no Oriente e que recorda que o menino, apesar de tudo, deverá sofrer e morrer, mas que isso trará a libertação da humanidade.

(Colocar as fotos de revista no presépio.)

O nascimento de Jesus na manjedoura e a visita dos pastores nos tornam mais sensíveis aos irmãos abandonados e sofredores da sociedade. Não se trata apenas de fazer belas campanhas de Natal sem fome, trata-se de viver todo tempo atento às necessidades dos outros, especialmente dos que precisam de ajuda imediata para viver. Sem o compromisso com o pobre, nossa fé pode ficar surda aos apelos que Jesus nos faz com seu nascimento.

8

Jesus passou fazendo o bem

A missão de Jesus é anunciar a Boa-Nova do Reino de Deus. Toda palavra e ação de Cristo revelam o projeto salvador do Pai para a humanidade. Com Jesus, o Reino já chegou e está no meio de nós. Os milagres, sinais, curas e exorcismos que ele pratica revelam seu poder sobre tudo: a natureza, as doenças, os demônios. Por isso, Jesus pode agir na liberdade de quem quer libertar os outros de toda escravidão. Ele é o Messias de Deus, fez bem todas as coisas e passou pelo mundo fazendo o bem.

À luz da Bíblia

Após trinta anos, vivendo em Nazaré, Jesus deu início à sua vida pública (cf. Lc 3,23). No rio Jordão, foi batizado por João Batista, quando o Espírito Santo veio sobre ele na forma de uma pomba e ouviu-se a voz do céu: "Este é o meu Filho bem-amado" (Mt 3,17). Levado pelo Espírito ao deserto, Jesus vence as tentações de Satanás e confirma sua obediência e amor ao projeto do Pai (cf. Lc 4,1-13). Começou a andar pelos povoados e aldeias, anunciando o Evangelho: "Esgotou-se o prazo. O Reino de Deus está aí. Mudem de vida. Acreditem nessa Boa-Nova" (Mc 1,15).

Os apóstolos o acompanhavam (cf. Lc 8,1). Jesus pregava o Reino de Deus por palavras e obras, realizando numerosos milagres, prodígios e sinais (cf. At 2,22). Sua fama se espalhou por todo o lugar (cf. Mc 1,28). A multidão o seguia, e ele curava toda sorte de doenças e enfermidades (cf. Mc 1,32-34). Com Jesus, "os cegos recuperam a vista, os coxos andam, os leprosos são purificados e os surdos ouvem, os mortos ressuscitam e aos pobres é anunciada a Boa-Nova" (Mt 11,5).

Ele veio "para que todos tenham vida, e vida em abundância" (Jo 10,10). No Monte Tabor, Jesus se transfigura na frente de Pedro, Tiago e João (cf. Mc 9,2-10). Ao chegar a hora de seus sofrimentos, Jesus tomou o caminho de Jerusalém (cf. Lc 9,51). Lá o Cristo realiza a Páscoa de sua paixão, morte e ressurreição.

 Na fé da Igreja

Os mistérios da vida de Jesus

Toda a vida de Cristo revela o mistério de Deus no meio de nós. Desde a gruta de Belém até o último grito na cruz, do túmulo vazio na madrugada da ressurreição até a subida ao céu, tudo na vida de Jesus é revelação do mistério de Deus. Cada gesto e milagre, cada palavra e silêncio, seus sofrimentos, sua maneira de ser, tudo revela sua divindade e a salvação que ele nos traz. No mistério do Natal, contemplamos a Virgem que traz ao mundo o Deus do universo, nascido, como criança, num estábulo. Durante a infância, na vida oculta em Nazaré, ele conviveu com sua família, aprendeu o ofício de carpinteiro e frequentou a sinagoga, como judeu fiel. Tornou-se aluno da história de seu povo, aprendendo com seus sofrimentos, pobreza, miséria, violência e exploração.

Nos mistérios da vida pública de Jesus, contemplamos seu batismo por João, quando é apontado como "Cordeiro de Deus que tira o pecado do mundo" (Jo 1,29). No deserto, ele vence as tentações, porque não veio para ser um Messias milagreiro, guerrilheiro e poderoso. Cumprindo a vontade do Pai, que o enviou, Cristo inaugura o Reino dos Céus na terra. No Monte Tabor, em sua transfiguração, Jesus mostrou, por um instante, sua glória divina. Entrando em Jerusalém, ele é aclamado como Rei-Messias. O Cristo vai realizar sua Páscoa, o mistério de sua paixão, morte e ressurreição, porque tinha chegado sua hora: a hora de consumar a missão que recebeu do Pai. Foi fiel e obediente até o fim e por isso o Pai o glorificou.

A Boa-Nova

O grande anúncio de Jesus é o Reino de Deus. É o centro de toda a sua pregação e vida. Todos são convidados a participar desse Reino, mas para entrar nele é preciso conversão: acolher a Palavra de Deus e viver conforme sua verdade. Essa Boa-Nova Jesus anuncia especialmente aos pobres. Eles são bem-aventurados, "deles é o Reino dos Céus" (Mt 5,3). Na mesa de Jesus, havia lugar para pecadores, impuros, mulheres marginalizadas e gente mal falada. Devolvia a dignidade que tinha sido tirada deles. Procurou sempre os mais excluídos, como o Bom Pastor que resgata a ovelha perdida. Ensinava em qualquer lugar, na montanha ou à beira-mar. Falava simples, contando parábolas. Desafiava os apóstolos: "Dai-lhes vós mesmos de comer" (Mt 14,16). Ensinou que o poder deve ser o serviço ao próximo (cf. Mt 20,24-28), e deixou o exemplo, lavando os pés de seus amigos, para que fizessem o mesmo. Chamava Deus de Pai e disse que não se pode amá-lo sem amar os irmãos.

Todos os gestos de Jesus mostram o rosto amoroso desse Pai misericordioso, que acolhe, perdoa e ama sempre. Depois de dar a vida por amor (cf. Jo 15,13) e ressuscitar, deu aos apóstolos a missão de pregar a todos os povos a mensagem do Evangelho, para que o gênero humano se torne a família de Deus, na qual o amor seja a lei maior.

Os milagres e sinais

A pregação de Jesus é acompanhada de obras. São inúmeros milagres, prodígios, exorcismos e sinais que provam ser ele o Messias. Os milagres são sinais, em primeiro lugar, do Reino de Deus que chegou, que vem com Jesus. É um testemunho direto da novidade de Deus que entra na história. É o próprio Deus agindo na vida das pessoas com poder, manifestando sua justiça misericordiosa, sua libertação e salvação. Os milagres não são mágica que Jesus faz para impressionar, mas são "sinais" de que ele é o Cristo, o Filho de Deus que quer salvar de todos os males e de todo o pecado. Contra a fome, alimenta os famintos; contra a doença, cura os enfermos; contra os males da natureza, acalma os ventos e tempestades; contra os maus espíritos, expulsa-os; contra a ignorância e o erro, ensina e corrige o povo; contra o abandono e a solidão, acolhe e ouve a todos; contra o medo, devolve a esperança. Onde a vida não está sendo bendita e abundante, lá Jesus age. O seguidor de Jesus aprende com ele a ser fermento na massa, transformando a vida e os relacionamentos com Deus, entre os irmãos, na sociedade, e com a natureza.

Aprofundando o tema

O que Jesus fez dos doze aos trinta anos?

No tempo de Jesus, o analfabetismo era muito raro entre os judeus homens. Ao completar treze anos, os meninos deviam comparecer à sinagoga e ler uma passagem da Torá (as Sagradas Escrituras judaicas, constituídas pelos cinco primeiros livros da Bíblia: Gênesis, Êxodo, Levítico, Números e Deuteronômio). Era o *bar mitzvah*, um rito de passagem, no qual o jovem se tornava responsável por todos os seus atos. Por força dessa tradição, os meninos recebiam uma instrução elementar, que compreendia a leitura, a escrita, a história do povo judeu e o conhecimento dos principais salmos da Bíblia, tidos como orações. É por isso que, no evangelho de Lucas, Jesus vai ao Templo de Jerusalém e fica entre os doutores. Muito provavelmente era o dia de seu *bar mitzvah*.

Sabemos que Jesus viveu em Nazaré uma vida simples, de tal modo que, ao se espalhar sua fama, os próprios nazarenos se espantaram. Ele era o carpinteiro da região, não havia feito grandes viagens nem estudado com grandes sábios, como Paulo, que havia sido aluno de Gamaliel. Além do mais, quando Jesus aparece em Jerusalém, sua fala tem sotaque nazareno, indicando sua condição de homem do interior da Palestina que se torna célebre por sua própria pessoa e não por suas viagens ou estudos. O mais provável, portanto, é que Jesus fosse um trabalhador autônomo, capaz de exercer diferentes habilidades profissionais, de acordo com a demanda dos clientes. Tal interpretação corresponde ao que escreveu o autor cristão Justino de Roma, no ano 150 d.C. Esse escritor, que nasceu na Galileia, a região onde Jesus viveu, afirma que ele fazia cangas para bois e arados.

Os idiomas no tempo de Jesus

A língua do povo: o aramaico. Na comunicação cotidiana só se utilizava o aramaico. Quando os textos eram lidos em hebraico, alguém as traduzia ao aramaico para que as pessoas comuns pudessem compreendê-los. Trata-se de um idioma falado ainda hoje em círculos restritos.

A língua sagrada: o hebraico. O povo já não falava mais o hebraico; este apenas era empregado na composição de obras eruditas, nos ritos religiosos e nas leituras dos textos na sinagoga.

As línguas estrangeiras. A terceira língua falada na região era o *grego*. Era utilizado, principalmente, pelas comunidades judaicas que viviam fora da Palestina (na chamada diáspora). Mas é bem provável que Jesus o conhecesse. Quanto ao *latim*, o idioma do Império Romano, seu uso ficava restrito à administração oficial.

 Testemunho de vida: *Madre Teresa de Calcutá,* **a grande benfeitora**

Madre Teresa de Calcutá, cujo nome é Agnes Gonxha Bojaxhiu, nasceu na Albânia em 27 de agosto de 1910 e faleceu em Calcutá em 5 de setembro de 1997. Considerada a missionária do século XX, concretizou o projeto de apoiar e recuperar os desprotegidos na Índia. Através de sua congregação – Missionárias da Caridade –, partiu em direção à conquista de um mundo que acabou rendido a seu apelo de ajudar o mais pobre dos pobres. Seu nome é em honra a Santa Teresinha, padroeira das missionárias. Madre Teresa foi para Calcutá, na Índia, onde foi professora de geografia. Impressionada com os problemas sociais da Índia, que se refletiam nas condições de vida das crianças, mulheres e velhos que viviam na rua e em absoluta miséria, fez um curso rápido de enfermagem, que veio a tornar-se um pilar fundamental de sua missão no mundo. Em 1946, decidiu reformular sua trajetória de vida. Dois anos depois, e após muita insistência, o Papa Pio XII permitiu que ela iniciasse uma nova congregação, cujo objetivo era ensinar as crianças pobres a ler. Dessa forma, nasceram as Missionárias da Caridade. Como hábito, escolheu o sári, na cor branca por significar pureza, e na cor azul, por recordar a Virgem Maria. Como princípio adotou o abandono de todos os bens materiais. A partir de 1950, empenhou-se em auxiliar os doentes com lepra. Em 1965, o Papa Paulo VI colocou sob controle do papado sua congregação e deu autorização para sua expansão a outros países. Centros de apoio a leprosos, velhos, cegos e doentes com HIV surgiram em várias cidades do mundo, bem como escolas, orfanatos e trabalhos de reabilitação com presidiários.

Ela viveu o ideal do Bom Samaritano, ia a toda parte para servir Cristo nos mais pobres entre os pobres. Nem conflitos, nem guerras conseguiam ser um impedimento para ela. Com o testemunho de sua vida, Madre Teresa recorda a todos que a missão evangelizadora da Igreja passa pela caridade, alimentada na oração e na escuta da Palavra de Deus. Em 4 de setembro de 2016, o Papa Francisco a canonizou. Um dos lemas de Teresa de Calcutá era: "Não permita que alguém saia de sua presença sem estar melhor e mais feliz".

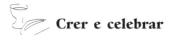 **Crer e celebrar**

A Oração Eucarística VI-D – "Jesus que passa fazendo o bem" – do Missal Romano revela bonitas expressões do amor de Jesus para com os pobres e doentes. Vale a pena rezar:

No Prefácio:
Na verdade, é justo e necessário,
é nosso dever e salvação,
dar-vos graças, sempre e em todo o lugar,
Pai misericordioso e Deus fiel.
Vós nos destes vosso Filho Jesus Cristo,
nosso Senhor e Redentor.

Ele sempre se mostrou cheio de misericórdia
pelos pequenos e pobres,
pelos doentes e pecadores,
colocando-se ao lado dos perseguidos e marginalizados.
Com a vida e a palavra
anunciou ao mundo que sois Pai
e cuidais de todos como filhos e filhas.

Após a Oração pela Igreja:
Dai-nos olhos para ver as necessidades
e os sofrimentos dos nossos irmãos e irmãs;
inspirai-nos palavras e ações
para confortar os desanimados e oprimidos;
fazei que, a exemplo de Cristo,
e seguindo o seu mandamento,
nos empenhemos lealmente no serviço a eles.

*Vossa Igreja seja testemunha viva
da verdade e da liberdade,
da justiça e da paz,
para que toda a humanidade
se abra à esperança de um mundo novo.*

 Orientações práticas

- Jornal da catequese. Elaborar com o grupo de catequizandos um "jornal", trazendo informações sobre os acontecimentos da vida de Jesus, sua pregação, obras, milagres e sinais. Numa linguagem simples, os catequizandos poderão criar manchetes, reportagens, artigos, notícias, entrevistas e charges sobre os temas referidos, como se estivessem relatando essas novidades, vivendo no tempo de Jesus. Depois, o catequista poderá fazer cópias do jornal produzido pela turma e distribuir aos demais grupos de catequese e à comunidade.

- Vivência da pastoral. Organizar com a turma de catequese, ou em pequenos grupos, visitas pastorais para conhecer a realidade da comunidade (ex.: aos doentes, aos portadores de deficiência…). Oportunizar aos catequizandos uma experiência do serviço das diversas pastorais da comunidade que promovem a vida e a dignidade das pessoas (ex.: pastoral da criança, do pão, das pessoas idosas…). Conhecer as demais instituições (hospitais, lar de idosos, cooperativas, usinas de reciclagem de lixo, centros sociais…).

O Pai-nosso

Os discípulos de Jesus o viram muitas vezes rezar. Percebiam que sua oração era diferente, viam como ele se tornava íntimo com Deus quando rezava. Foi assim que eles tiveram o desejo de aprender a rezar daquele jeito. Quando alguém faz algo bem-feito, queremos aprender. Jesus rezava de uma forma tão especial que seus seguidores pediram: "Ensina-nos a rezar!" (Lc 11,1).

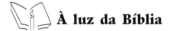 **À luz da Bíblia**

Jesus, ao mesmo tempo que chama Deus de *Abba*, pai (cf. Mc 14,36; Rm 8,15; Gl 4,6), chama irmãos, irmãs e mãe todos aqueles que fazem a vontade de Deus, ouvindo sua Palavra e a colocando em prática (cf. Mt 12,49-50; Mc 3,33-35; Lc 8,21). Ele declara que seu alimento é fazer a vontade daquele que o enviou (cf. Jo 4,34) e ensina a rezar: "Pai nosso, que estás no céu, santificado seja o teu Nome; venha o teu Reino; seja feita a tua vontade, assim na terra como no céu. Dá-nos hoje o pão nosso de cada dia. Perdoa as nossas ofensas, assim como nós perdoamos aos nossos ofensores. E não nos deixes cair em tentação, mas livra-nos do mal" (Mt 6,9-13).

 Na fé da Igreja

O "Pai-nosso" tem uma *invocação* inicial e sete *petições* (súplicas):

Invocação inicial. "Pai nosso que estais nos céus". Ao nos colocarmos diante de Deus, que é nosso Pai, reconhecemos ser seus filhos. Jesus Cristo nos ensinou a chamar Deus de *Abba*, palavra aramaica que significa "papai".

CREIO EM JESUS CRISTO

Dizemos "nosso" porque o Senhor é nosso Deus e nosso Pai, e nós somos seu povo, membros da Igreja e irmãos de todos os demais seres humanos. Não podemos invocá-lo, portanto, se não nos comportamos como irmãos, criados à imagem de Deus. Ele é Pai de uma grande família da qual somos parte. Rezar é, portanto, um ato comunitário, que deve ser preferido diante da celebração individual (cf. Constituição *Sacrosanctum Concilium* do Vaticano II sobre a Sagrada Liturgia, 27). Quanto à expressão "que estais nos céus", ela não significa um lugar, o espaço, mas uma maneira de ser. A utilização do céu, ou dos céus, é para mostrar, além da distância entre Criador e criatura, a grandeza de Deus e sua presença no coração dos justos e santos.

Os três primeiros pedidos referem-se à nossa relação com Deus: santificar seu nome, suplicar seu Reinado e cumprir sua vontade:

1º *Santificado seja o vosso Nome*. Só ele é o Santo, e toda pessoa humana deve santificar o seu Nome entre as nações, pela vida e pela oração.

2º *Venha a nós o vosso Reino*. Suplica-se a vinda do Reinado de Deus, do mundo novo que ele projetou para toda a humanidade e em Jesus Cristo deu a conhecer. Esse Reinado começa já aqui, mas se projeta no futuro, quando "Deus for tudo em todos" (1Cor 15,28).

3º *Seja feita a vossa vontade, assim na terra como no céu*. Unidos a Jesus Cristo e com a força do Espírito Santo, os homens e as mulheres podem entregar sua vontade e decidir escolher o que o Filho de Deus sempre escolheu: fazer o que agrada ao Pai. Pede-se que o ser humano saiba cumprir a vontade de Deus: que todos sejam salvos e cheguem à felicidade plena.

Os demais pedidos referem-se à vida humana: pedem o sustento, suplicam a cura e o perdão e pedem força para combater o mal:

4º *O pão nosso de cada dia nos dai hoje*. Esse pedido refere-se ao Pão da Vida: a Palavra de Deus e o Corpo de Jesus Cristo recebido na Eucaristia. Pede-se, também, que todo ser humano possa ter o suficiente para viver, a cada dia; todos os bens úteis, tanto materiais, suprindo as necessidades básicas, como espirituais; nem demais nem de menos.

5º *Perdoai-nos as nossas ofensas, assim como nós perdoamos a quem nos tem ofendido*. Coloca-se nas mãos de Deus a decisão de julgar, conforme a pessoa

A FÉ CRISTÃ PARA CATEQUISTAS | 67

humana é capaz de perdoar os outros. É uma súplica de misericórdia a Deus, mas que fica dependente da capacidade de amar e perdoar como ele.

6º *E não nos deixeis cair em tentação.* Não se pede que nos livre da tentação, pois ela sempre existe; o problema é ceder (cair). Esse pedido requer, também, uma decisão do coração.

7º *Mas livrai-nos do mal.* Neste último pedido, o mal não é uma abstração, mas uma pessoa: o diabo. Com a libertação dos males, cujo autor é o demônio, pede-se o dom da paz.

A Igreja, desde as origens, viveu esse dom das palavras do Senhor e do Espírito Santo, pela oração do Pai-nosso, estando em comunhão com Deus, tanto que as primeiras comunidades rezavam a Oração do Senhor três vezes ao dia. O Pai-nosso é também chamado "oração dominical", porque domingo é o dia do Senhor, e a Oração do Senhor é a oração dominical.

Aprofundando o tema

Na oração do Pai-nosso, Jesus cumpre a promessa de fazer as pessoas rezarem em "espírito e verdade" (Jo 4,23). O Senhor ensina seus discípulos a intensificar a relação com Deus e a rezar com mais profundidade. Não apenas fazemos orações para nossas ansiedades da vida, mas começamos a rezar por grandes questões e, primeiramente, louvando o nome de Deus e pedindo a vinda de seu Reino. No Pai-nosso aprendemos a não apenas olhar para nossos problemas e pedir a Deus soluções, mas glorificamos o nome de Deus e pedimos que sua vontade aconteça tanto na terra como no céu. Os pedidos do Pai-nosso nascem do fundo da miséria humana e pedem a Deus a salvação e a proteção contra o mal. Isso não significa que devemos parar de pedir por nossas necessidades básicas, mas que a oração cristã se baseia no pedido pela vinda da glória de Deus, sua justiça e seu amor na realidade de sofrimento deste mundo.

Na Bíblia, encontramos dois relatos sobre a oração do Pai-nosso. A primeira versão está no evangelho de Mateus (cf. 6,9-13). Nesse contexto, Jesus critica a falsa oração praticada pelos fariseus e pelos povos que seguem outros deuses. Jesus não quer que os discípulos, ao rezarem, multipliquem as palavras ou façam as coisas para aparecer diante dos outros. Ele mostra como é a perfeita oração que agrada a Deus.

No evangelho de Lucas (cf. 11,1-4), os discípulos pedem que Jesus os ensine a rezar. Eles perceberam que Jesus rezava constantemente nos momentos importantes de sua vida, chamando sua atenção. A oração do Pai-nosso se fundamenta na oração de Jesus. É ele quem ensina a chamar Deus de Pai; o Filho único de Deus ensina todos os seus seguidores a chamar seu Pai de "nosso Pai".

No evangelho de Lucas, escrito em língua grega, Jesus chama seu Pai de *Abba*. Essa expressão representa uma intimidade, familiaridade, do filho com seu papai querido. É uma expressão que mostra muito carinho e afeto do filho com o pai. Jesus é o único a chamar Deus dessa forma. Ele ensina seus discípulos a terem a mesma relação afetuosa com Deus.

Esse relacionamento é uma grande ousadia para o ser humano. Por isso, na Missa, antes do Pai-nosso, o padre diz: "Ousamos rezar assim como Jesus nos ensinou". A liturgia no início da Igreja era exigente com a oração do Pai-nosso, por entender o grande respeito que precisa ter em chamar Deus de "papai querido".

A oração do Pai-nosso nos aproxima mais de Deus, e assim também as pessoas podem se tornar mais humanas, fraternas, felizes e cumpridoras da vontade do Pai dos céus. Chamar Deus de Pai exige atitudes de filho.

Testemunho de vida: *Dom Helder Camara*, o defensor dos direitos humanos

Helder Pessoa Camara nasceu na cidade de Fortaleza, no Ceará, em 7 de fevereiro de 1909. Aos catorze anos entrou no seminário em Fortaleza, onde demonstrou desenvoltura nos debates filosóficos e teológicos. Em 15 de agosto de 1931, foi ordenado sacerdote. No dia 20 de abril de 1952, foi eleito bispo auxiliar do Rio de Janeiro. No período em que permaneceu lá, exerceu o cargo de Secretário-Geral da Conferência Nacional dos Bispos do Brasil, a CNBB, implantou os ideais da organização, promovendo interação entre os bispos do Brasil e integrando a Igreja na luta em defesa da justiça e cidadania. Aos cinquenta e cinco anos, Dom Helder Camara foi nomeado arcebispo de Olinda e Recife, permanecendo nesse cargo durante vinte anos. Na época em que tomou posse como arcebispo em Pernambuco, o Brasil encontrava-se em pleno domínio da ditadura militar. Dom Helder foi um líder contra o autoritarismo e os abusos contra os direitos humanos. Como representante da Igreja Católica, Dom Helder falou em defesa dos sem-vez e sem-voz da sociedade. Em suas pregações, insistia na caridade aos pobres e oprimidos. Criou projetos e organizações pastorais, destinadas a atender às comunidades do Nordeste, que viviam em situação de miséria. Devido à sua atuação política e social, sua pregação libertadora em defesa dos mais pobres, foi chamado de comunista e passou a sofrer retaliações e perseguições por parte das autoridades militares. Foi impedido de ter acesso aos meios de comunicação de massa e de divulgar suas mensagens durante todo o período da ditadura. Apesar de tudo, a personalidade de Dom Helder ganhava, cada vez mais, dimensão no Brasil e no exterior. Recebia, constantemente, convites para proferir palestras e presidir solenidades nas universidades brasileiras e em instituições internacionais. Dom Helder escreveu diversos livros que foram traduzidos em vários idiomas. O arcebispo Helder Camara é lembrado na história da Igreja Católica, no Brasil e no mundo, como um *apóstolo* que soube honrar o Brasil e usar o carisma de defensor da paz e da justiça para os filhos de Deus. Faleceu no dia 27 de agosto de 1999. Dom Helder seguiu Jesus Cristo e procurou passar por este mundo fazendo o bem, como ensina nosso Senhor a todos que desejam ser seus discípulos. Um de seus lemas era: "Feliz de quem atravessa a vida inteira tendo mil razões para viver".

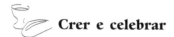 **Crer e celebrar**

Pai-nosso

Pai nosso que estais nos céus,
santificado seja o vosso nome,
venha a nós o vosso reino,
seja feita a vossa vontade,
assim na terra como no céu;
o pão nosso de cada dia nos dai hoje,
perdoai-nos as nossas ofensas,
assim como nós perdoamos
a quem nos tem ofendido;
e não nos deixeis cair em tentação,
mas livrai-nos do mal.

Orientações práticas

Colocar um pão na mesa, rezar o Pai-nosso de mãos dadas e, depois, refletir:

- Por que o pão nos ajuda a rezar "pão nosso" e não apenas "meu pão"?
- Por que Jesus usou a palavra "pão" em sua oração?
- Que tipo de "pães" precisamos?

Em seguida, todos rezam juntos novamente o Pai-nosso de mãos dadas e cada um repete a frase da oração que mais lhe chama atenção.

No final, reparte-se o pão, porque a oração é uma experiência de encontro com Deus que nos convida a partilhar a vida com alegria.

10

A morte na cruz

Jesus foi fiel ao projeto do Reino de Deus e à vontade do Pai até o fim. Ele "gastou" toda a sua vida pelo Reino. Assumiu todas as consequências desse compromisso radical com o Pai. Nesse caminho, a cruz não surge por acaso. O Cristo foi condenado pelas autoridades judaicas por "blasfêmia" e pelos romanos por "agitação política". A doação total de sua vida no altar da cruz é a "maior prova de seu amor". Nisto consiste o sacrifício redentor de Cristo: pelo mistério de sua paixão, morte e ressurreição, ele trouxe vida plena e salvação a todos os homens e mulheres, de todos os tempos e lugares.

À luz da Bíblia

Jesus já havia predito sua paixão: era necessário que o Filho do Homem fosse entregue e sofresse a morte para manifestar ao mundo sua glória (cf. Lc 24,26-27.44-45). Ele veio para dar sua vida em resgate por muitos (cf. Mt 20,28). O Messias, Servo Sofredor, completou sua missão até a morte de cruz (cf. Fl 2,8). Quando chegou a hora de Jesus passar deste mundo para o Pai, ele amou os seus até o fim (cf. Jo 13,1). Depois da ceia com os discípulos, Jesus foi para o Jardim das Oliveiras. Sozinho e numa tristeza de morte, ele suou sangue e pediu ao Pai que afastasse dele o cálice do sofrimento que estava por vir. Mas sua obediência à vontade de Deus estava acima de tudo. Ele foi preso e conduzido ao Sinédrio (cf. Mt 26,36-59).

As autoridades dos judeus o acusaram de blasfêmia, por se dizer o Messias, Filho de Deus. Foi levado a Pilatos e a Herodes, e acusado de promover desordem entre o povo e de se autoproclamar rei (cf. Lc 22,66–23,12). O Nazareno foi torturado e escarnecido pelos soldados romanos (cf. Jo 19,1-5).

Por fim, Pilatos lavou as mãos do sangue inocente de Jesus e o entregou para ser crucificado (cf. Mt 27,11-26). Ele carregou a própria cruz até um lugar chamado "Gólgota" (lugar da caveira). Ali foi crucificado entre dois ladrões. Acima da cruz, constava o motivo: "O Rei dos Judeus" (Mc 15,26). Os judeus não queriam que os corpos ficassem expostos durante o sábado, porque era Páscoa. Então, José de Arimateia conseguiu permissão para descer o corpo de Jesus do madeiro e o colocou num sepulcro perto dali (cf. Jo 19,31-42).

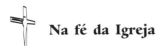 **Na fé da Igreja**

A agonia no jardim

Durante toda a sua vida, Jesus viveu na obediência ao Pai e, na hora de enfrentar a morte, não foi diferente. No Getsêmani, Jesus mergulhou na dor e na angústia. Como homem, ele teve medo da morte. Mas sua fidelidade ao Pai estava acima de seu próprio bem-estar. Como ele, cada cristão deve enfrentar os momentos de dor e perigo, confiando totalmente no Pai. Quando chegaram os guardas, Jesus mesmo se apresentou: "Sou eu". Foi assim que Deus se revelou no Antigo Testamento, com o nome "Javé", que quer dizer "Eu sou" (Ex 3,14).

Padeceu sob Pôncio Pilatos – o processo de Jesus

As palavras de Jesus eram fortes demais, e as multidões o seguiam com sede de libertação. Aclamado como rei, ele entrou triunfalmente na capital Jerusalém. Como profeta destemido, ele apontava as infidelidades a Deus, denunciava as injustiças que o povo sofria e convocava todos à conversão. Como Messias libertador, ele anunciava, com palavras e obras, a Boa-Nova da chegada do Reino de Deus. Jesus questionou a submissão cega à lei e aos preceitos dos judeus (curava em dia de sábado, falava com samaritanos, descumpria os rituais de pureza...). Ele colocou em risco a centralidade do culto no Templo de Jerusalém (expulsou os vendilhões, falou em destruir e reerguer o Templo...). Tudo isso desafiava os poderes políticos e religiosos estabelecidos na época em Israel. As armadilhas que armaram contra Jesus não foram poucas. O Profeta da Galileia foi condenado pelas autoridades judaicas por "blasfêmia", porque perdoava pecados e agia como se fosse Filho de Deus, chamando-o de *Abba*, "papaizinho". Mas a crucifixão de Jesus

A FÉ CRISTÃ PARA CATEQUISTAS

foi decretada pelo poder romano, como pena por agitar o povo e perturbar a ordem pública. Foi considerado um agitador, um perigo ao Império, por ter sido aclamado pelo povo como rei. A resposta de Roma foi crucificar o "Rei dos Judeus". A crucificação era a pena que se aplicava àqueles que se revoltavam contra a ordem social e política do Império Romano.

Segundo o relato de Mateus, o Sinédrio condenou Jesus à morte, acusando-o de "blasfêmia". O Sinédrio, porém, não tinha autoridade para executar o condenado, porque essas atribuições haviam sido cassadas por Roma. Foi por isso que Caifás encaminhou Jesus a Pôncio Pilatos, o qual não via sentido na acusação religiosa que faziam sobre o Nazareno. Em razão disso, Pilatos não queria executar a sentença. Mas, no final, acabou cedendo. Numa época de agitação política, os romanos crucificavam aos milhares. Para Pilatos, Jesus era apenas mais um. E acabou cedendo às pressões do Sinédrio.

A morte de cruz

A sentença de morte não surgiu de repente na vida de Jesus. Ela foi o preço que Cristo teve de pagar por sua opção fundamental e radical pelo Reino de Deus e sua justiça. O que dá sentido à morte de Jesus é sua vida, uma vida de total fidelidade ao Pai e a seu projeto de salvação. A cruz é o fim de um processo, é o fato que completa a missão de Jesus: "Tudo está consumado!" (Jo 19,30). Para os judeus, a morte de cruz era um escândalo, um sinal de maldição: o madeiro da vergonha. Pela lei judaica, um homem crucificado era expulso do povo, maldito por Deus (cf. Dt 21,23). Mas a cruz de Jesus não é a imagem de seu fracasso. Muito pelo contrário, ela é a imagem da maior prova do amor de Deus pelos homens: "Não existe amor maior do que dar a vida pelos amigos!" (Jo 15,13). Na cruz, o Filho de Deus sofre e morre pelos últimos deste mundo: os pobres e injustiçados, doentes e rejeitados, mulheres marginalizadas, pecadores e prostitutas. Todos os amigos de Jesus que o Pai ama e quer resgatar. Quiseram matar o Nazareno da forma mais vergonhosa possível, para acabar, não só com ele, mas com a obra que havia iniciado. Porém, essa "hora das trevas" já havia sido anunciada pelo próprio Jesus diversas vezes. Através de sua paixão e morte, o Cristo iria manifestar sua glória ao mundo. Para os cristãos, a cruz do Senhor é a verdadeira "árvore da vida".

Para os discípulos e para todos aqueles que acreditaram em Jesus, sua morte deve ter sido um golpe dramático. Surpresos com a velocidade dos acontecimentos, perplexos com o fato que contrariava suas expectativas, amedrontados com a possível repressão, eles certamente sentiram o desalento da Sexta-feira Santa. No entanto, toda a sua perspectiva se refez com a notícia da ressurreição.

Desceu à mansão dos mortos

A "mansão dos mortos" (*sheol*) era como os judeus chamavam o lugar onde os mortos habitavam. Assim, a expressão "desceu à mansão dos mortos" significa que Jesus morreu realmente, que desceu às profundezas da morte. Ele conheceu a morte como todos os que morreram e esteve com eles em sua morada. Mais do que isso, Jesus foi proclamar a Boa-Nova da salvação aos espíritos dos mortos que esperavam a libertação (cf. 1Pd 4,6). Ele foi abrir as portas do céu aos justos que viveram antes dele, porque sua obra redentora é para todos os homens de todos os tempos e lugares.

Aprofundando o tema

Jesus sentiu-se abandonado por Deus na cruz?

Sozinho na cruz, Jesus exprime todo o seu tormento com o grito do Salmo 22: "Meu Deus, meu Deus, por que me abandonaste?" (Mc 15,34). Nos limites da aflição e tristeza, ele fez a experiência humana mais profunda da dor: sentiu-se abandonado. Ele é o Cristo abandonado, mas não é desesperado! Na verdade, o Salmo 22 é uma oração de esperança do justo que está sendo perseguido. O salmista acaba a prece com um grande louvor a Deus, que salva aqueles que nele confiam. Ao doloroso abandono, Jesus responde com toda a sua confiança de Filho. Assim, no evangelho de Lucas, é Cristo mesmo que se "abandona" por inteiro aos cuidados do Pai. Ali, o grito do crucificado é de total confiança: "Pai, em tuas mãos entrego o meu espírito!" (Lc 23,46).

A cruz

Geralmente, a cruz não passava da altura de um homem. Para acomodar-se nela, a vítima devia ser pregada com os joelhos dobrados. Havia três tipos de cruzes. A mais simples era a própria árvore, com os galhos aparados. A intermediária utilizava o tronco enraizado da oliveira, ao qual se amarrava com cordas uma haste horizontal, conduzida ao local de execução pelo próprio condenado. A mais sofisticada era um poste rústico fixado no chão; nele, a haste (patíbulo) era encaixada por meio de uma fenda. Nas três cruzes, um pequeno suporte horizontal permitia à vitima sentar-se, impedindo que seus pulsos rompessem pelo peso, aumentando assim a agonia.

Apesar de Jesus não ter carregado a cruz inteira, como supôs a piedade popular, certamente ele carregou o patíbulo: a barra horizontal. Esta era suficientemente pesada para lhe ter provocado grandes hematomas nas costas. Os pregos, provavelmente com cerca de dezoito centímetros, não lhe foram afixados no meio das mãos, como se acreditou durante muito tempo, mas sim no meio do pulso. Se o traspassamento tivesse ocorrido nas mãos, estas teriam rasgado com o peso do corpo. Nos pulsos, a introdução dos pregos assegurava uma firme sustentação na cruz. Um terceiro prego, juntando os dois pés, completava a fixação.

Na cruz, os braços altos dificultavam a respiração do crucificado; os líquidos se acumulavam nos pulmões; e a morte chegava por asfixia. Para tomar fôlego durante a longa agonia, as vítimas erguiam-se várias vezes de seus assentos, sustentando-se nos três pregos.

Após várias horas de sofrimento, o crucificado tinha suas pernas quebradas, de modo a acelerar a morte. No caso de Jesus, não quebraram suas pernas. Para se certificarem de sua morte, deram-lhe o golpe de lança que perfurou seu peito quando ele já se encontrava morto. O texto bíblico fala do sangue e da água que saíram do lado aberto pela lança.

Testemunho de vida: *Edith Stein* ou *Santa Teresa Benedita da Cruz,* **a mística e filósofa**

Edith Stein foi a caçula de uma numerosa família de onze filhos, educada numa rígida observância judaica. Sentia-se atraída pela filosofia, matéria naquele tempo reservada aos homens. Em 1913, transferiu-se para Göttingen (Alemanha). Foi assistente pessoal e amiga do grande filósofo Edmund Husserl. Como filósofa, soube afirmar-se e ser respeitada pelos colegas professores. Judia fiel, Edith Stein viveu incansavelmente na busca da verdade, até que um dia a encontrou. Depois de ler uma obra de Santa Teresa de Jesus, o *Livro da Vida,* descobriu em Jesus Cristo a Verdade, o Caminho e a Vida.

Encontrou na "ciência da cruz" o ápice de toda a sabedoria. Converteu-se ao cristianismo, enfrentando a profunda oposição de sua família. A brilhante filósofa e professora, no auge de sua carreira acadêmica e social, decidiu abandonar tudo e abraçar a vida religiosa como carmelita. Adotou o nome de *Irmã Teresa Benedita da Cruz*. Durante a perseguição nazista e o holocausto, viu milhares de compatriotas seus morrerem nas horríveis câmaras de gás, nos campos de concentração de Hitler. Teve o mesmo destino, morreu imolada nos fornos crematórios de Auschwitz, em 9 de agosto de 1942. Foi canonizada pelo Papa João Paulo II, em 11 de outubro de 1998. Um de seus lemas era: "Deus não nos manda provações sem mandar ao mesmo tempo a força necessária para suportá-las".

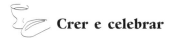 **Crer e celebrar**

A Via-Sacra

    1ª estação: Jesus é condenado à morte;

    2ª estação: Jesus toma a cruz às costas;

    3ª estação: Jesus cai pela primeira vez;

    4ª estação: Jesus se encontra com sua mãe;

    5ª estação: Simão Cireneu ajuda Jesus a carregar a cruz;

    6ª estação: Verônica enxuga o rosto de Jesus;

    7ª estação: Jesus cai pela segunda vez;

    8ª estação: Jesus consola as mulheres de Jerusalém;

    9ª estação: Jesus cai pela terceira vez;

    10ª estação: Jesus é despido de suas vestes;

    11ª estação: Jesus é pregado na cruz;

    12ª estação: Jesus morre na cruz;

    13ª estação: Jesus é descido da cruz e entregue à sua mãe;

    14ª estação: Jesus é sepultado;

    15ª estação: Jesus ressuscitou e está conosco.

Orientações práticas

- História em quadrinhos. Organizar com o grupo de catequizandos uma história em quadrinhos retratando os textos dos evangelhos que narram a paixão e morte de Jesus (cf. Mt 26,36–27,66; Mc 14,32–15,47; Lc 22,39–23,56; Jo 18,1–19,42).
- Encenação da paixão. Organizar uma encenação da Via-Sacra.

A ressurreição de Jesus

O Crucificado é o Ressuscitado. Essa é a verdade fundamental proclamada pelo cristianismo. O testemunho dos primeiros discípulos é unânime: o Cristo morto apareceu vivo. A ressurreição é a maior prova da verdade sobre Jesus: ele é mesmo Deus. A experiência do encontro pessoal com o Ressuscitado muda radicalmente a vida dos discípulos. O corpo do Ressuscitado não é puramente físico nem somente espiritual. É um "corpo glorioso", que não volta a morrer. A ressurreição é uma realidade totalmente nova. Como Cristo ressuscitou, os que crêem nele também ressuscitarão.

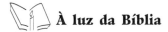 **À luz da Bíblia**

O sábado passou. É manhã, primeiro dia da semana, o túmulo está vazio e os panos de linho foram deixados no chão. As mulheres, assustadas, ouvem a voz do anjo: "Por que vocês procuram entre os mortos aquele que está vivo? Ele não está aqui! Ressuscitou!" (Lc 24,5-6). O Ressuscitado apareceu à Maria Madalena (cf. Jo 20,11-17). Caminhou com os discípulos para Emaús e partiu o pão com eles (cf. Lc 24,13-34). Depois apareceu aos outros discípulos, reunidos com medo (cf. Jo 20,18-22). Tomé não estava lá, e não acreditou. No encontro seguinte, Tomé estava junto com os outros, e o Senhor o repreendeu: "Estende aqui o teu dedo e vê as minhas mãos. Estende a tua mão e toca o meu lado" (Jo 20,27a). O Cristo se mostrou vivo aos apóstolos, depois de sua paixão, com numerosas provas: "Durante quarenta dias, apareceu a eles e falou-lhes do Reino de Deus" (At 1,3). Como Paulo havia dito, "ressuscitou ao terceiro dia, conforme as Escrituras; apareceu a Pedro e depois aos doze. Em seguida, apareceu a mais de quinhentos irmãos de uma só vez" (1Cor 15,4-6).

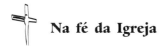 **Na fé da Igreja**

Ele vive!

A ressurreição de Jesus não é um acontecimento que ficou no passado, há mais de dois mil anos. Essa é a verdade fundamental da fé cristã, que proclamamos ontem, hoje e sempre. Jesus Cristo ressuscitou: ele vive, é o "Vivente"! (cf. Ap 1,18). A ressurreição é a maior prova de tudo o que Cristo ensinou e fez. A divindade de Jesus foi confirmada por sua ressurreição: ele é verdadeiramente Filho de Deus e Deus mesmo. Através da ressurreição de Jesus, Deus estabelece uma "nova e eterna aliança" com toda a humanidade. Uma aliança de amor insuperável, selada com o sangue do verdadeiro Cordeiro Pascal, imolado na cruz: seu Filho muito amado.

Não tenham medo!

Jesus foi crucificado e morreu publicamente. Porém, somente algumas mulheres e os discípulos fugitivos da Galileia souberam de sua ressurreição. Cristo ressuscitado não se manifestou ao mundo, mas a seus discípulos, "os quais são agora suas testemunhas diante do povo" (At 13,31). Retornando a Jerusalém, eles anunciaram publicamente que Deus ressuscitou dentre os mortos aquele que foi crucificado. O Crucificado é o Ressuscitado. Essa verdade transformou os apóstolos em homens novos e encheu de sentido sua vida e missão. De medrosos e refugiados como estavam depois da morte do Messias, encheram-se de coragem e começaram a pregar a Boa-Nova com tanta firmeza e convicção que muita gente se converteu. Todos os apóstolos deram testemunho do Ressuscitado, arriscando suas vidas. A vida, para eles, não tinha mais sentido a não ser por causa de Cristo e do Evangelho. Estavam dispostos a sofrer por ele e a morrer com ele. Por amor a ele, tinham abandonado tudo. Começaram a trilhar uma estrada que conduzia à cruz. Mas não havia o que temer. O Messias que os ensinou a fazer o Reino acontecer, o mesmo Jesus com o qual eles conviveram e aprenderam a amar, ele é vitorioso sobre a morte. Por isso, "no amor não há temor" (1Jo 4,18). Nada mais podia amedrontá-los, nem os romanos, nem os fariseus, nem a tortura, nem a prisão, nem a morte. A vida não morreria mais (cf. 1Cor 15,54-58). Quem crê na ressurreição não teme mais a morte do corpo, e os apóstolos não a temeram, até a hora de derramarem o próprio sangue pelo martírio.

A FÉ CRISTÃ PARA CATEQUISTAS

O corpo glorioso da ressurreição

A ressurreição de Jesus não foi a reanimação de um morto. O corpo ressuscitado de Jesus era o mesmo corpo que havia sido pregado na cruz e depositado no túmulo naquela Sexta-feira Santa. Mas não era simplesmente o mesmo. Tinha algo nele extraordinariamente novo, a ponto de os discípulos não o reconhecerem logo. Era um corpo transformado, um corpo glorioso. Ninguém viu a hora da ressurreição, por isso os evangelhos não a descrevem como aconteceu fisicamente. Na Vigília Pascal, canta-se: "Só tu, noite feliz, soubeste a hora em que Cristo da morte ressurgia". O Ressuscitado se apresenta de diferentes formas e aparências. Não é um fantasma, seu corpo não é apenas espiritual, porque os discípulos podem tocá-lo com as próprias mãos, e Jesus come peixe com eles. Mas também não é um corpo físico como antes, porque agora o Ressuscitado passa através das paredes, entra no lugar onde os discípulos estão de portas fechadas. Manifesta sua transcendência. Jesus é o primeiro a ressuscitar, "primícias dos que morreram" (1Cor 15,20). A ressurreição de Lázaro, da filha de Jairo e do jovem de Naim não foram como a de Jesus, foram apenas milagres do Senhor e, mais tarde, eles morreram novamente. O corpo ressuscitado do Senhor não torna à morte. A ressurreição de Cristo, assim como a ressurreição de todos os que crêem nele, transforma a vida e o corpo da pessoa. A morte não terá mais poder sobre aqueles que ressuscitarão. A ressurreição é uma novidade total de Deus, surpreendente e inédita.

Aprofundando o tema

Quais são as provas da ressurreição?

Num determinado dia, as aparições do Ressuscitado acabaram. A partir de então, era preciso dar um passo além: "Acreditar sem ver" (Jo 20,29). A fé na ressurreição de Cristo não depende de pesquisas científicas que provem o fato. Hoje, como as primeiras comunidades cristãs, nós acreditamos no testemunho daqueles que tiveram o privilégio de ver Jesus ressuscitado. Mas há quem não acredite, porque não viu. O primeiro sinal que os evangelhos apresentam é o sepulcro vazio. Mas essa não é uma prova direta da ressurreição, pois a falta do corpo de Jesus no túmulo poderia ser explicada de outra maneira. Depois são relatadas aparições do Ressuscitado a muitos discípulos. Essas aparições deram início ao testemunho dos apóstolos, que se espalhou por toda a terra. Todos eles afirmam a visão de Jesus morto como "o Vivo". Paulo afirma que até quinhentos irmãos viram o Cristo aparecer glorioso (cf. 1Cor 15,4-6).

A ressurreição não poderia ser fraude, uma "fantasia" da fé?

Os apóstolos não poderiam ter inventado a ressurreição. Os fatos da paixão humilhante e morte escandalosa de Jesus na cruz abalaram tanto os discípulos a ponto de todos terem "fugido". Após o sepultamento, eles permaneceram "de portas fechadas", com medo. Acima de tudo estavam frustrados, desiludidos. Os relatos dos evangelhos mostram que os discípulos estavam profundamente abatidos e desanimados com tudo o que aconteceu. O testemunho das mulheres que voltaram do sepulcro soou como "desvario" (cf. Lc 24,11). Alguns deles se mostraram muito incrédulos e não acreditaram logo na notícia da ressurreição. Tomé chega a desafiar a comunidade. Quando Jesus lhes apareceu, repreendeu a dureza de coração (cf. Mc 16,14). Eles ainda duvidavam, parecia-lhes impossível: pensavam ver um fantasma (cf. Lc 24,41). Mesmo na última aparição na Galileia, Mateus registra: "Alguns, porém, duvidaram" (Mt 28,17). Por tudo isso, a ressurreição não pode ter sido um "produto" da fé dos apóstolos, pois àquela altura dos acontecimentos sua fé estava tão profundamente abalada, que somente uma experiência extraordinária poderia mudar o rumo de suas vidas. Essa experiência foi o encontro pessoal com o Ressuscitado.

Testemunho de vida: *Cardeal Van Thuan,* **uma testemunha da esperança**

François Xavier Nguyen Van Thuan nasceu em 1928, no Vietnã. Van Thuan foi ordenado sacerdote em 1953. Em 1967, foi eleito bispo de Nha Trang, no centro do Vietnã, onde atuou por oito anos. Em 1975, Paulo VI o promoveu a arcebispo-coadjutor de Saigon (hoje Ho Chi Minh), onde estimulou a presença de leigos jovens e a criação dos conselhos pastorais em sua Igreja. Quando os comunistas chegaram a Saigon, entenderam sua nomeação como fruto de um complô e, três meses depois, o prenderam: era o dia da Assunção de Maria, 15 de agosto de 1975. Viveu treze anos na prisão, dos quais nove no mais completo isolamento. Dom Van Thuan testemunha fortemente o encontro com Jesus Cristo em todos os dias de sua existência: no discernimento entre Deus e as obras de Deus, na oração, na Eucaristia, nos irmãos e irmãs, e na Virgem Maria. Na profunda experiência da prisão, o bispo vietnamita aprendeu a unir seu próprio sofrimento ao sacrifício de Cristo. Em 1994, deixou o Vietnã e passou, em 1998, a presidir o Pontifício Conselho Justiça e Paz, da Santa Sé. João Paulo II o nomeou cardeal da Igreja. Dom Van Thuan faleceu em 2002, como uma testemunha viva da esperança no Cristo em nossos tempos. Sua história é sinal concreto de que a fé na ressurreição supera todas as forças da morte que nos atacam. Entre seus pensamentos, podemos destacar o seguinte: "Uma só coisa é necessária [...]: Deus, e não as obras de Deus. Sonho com uma Igreja que seja Porta Santa, aberta, que acolha a todos, cheia de compaixão e de compreensão pelas dores e sofrimentos da humanidade, completamente propensa a consolá-la".

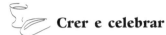 **Crer e celebrar**

A *Via Lucis* (Caminho da Luz) é a "Via-Sacra" da Páscoa, uma meditação sobre os mistérios gloriosos do Senhor. Nela são rezados os eventos acontecidos entre a ressurreição e Pentecostes. No lugar da cruz, a caminhada é feita com o Círio Pascal.

1ª estação: Jesus ressurge da morte (cf. Mt 28,5-6).

2ª estação: Os discípulos encontram o sepulcro vazio (cf. Jo 28).

3ª estação: O Ressuscitado se manifesta a Maria Madalena (cf. Jo 20,26).

4ª estação: O Ressuscitado caminha com os discípulos de Emaús (cf. Lc 24,26-27).

5ª estação: O Ressuscitado reparte e doa o pão (cf. Lc 24,28-31).

6ª estação: O Ressuscitado se manifesta aos discípulos (cf. Lc 24,38-39).

7ª estação: O Ressuscitado dá o poder de perdoar os pecados (cf. Jo 20,22-23).

8ª estação: O Ressuscitado confirma a fé de Tomé (cf. Jo 20,27-28).

9ª estação: O Ressuscitado se manifesta no Lago de Tiberíades (cf. Jo 21,7-13).

10ª estação: O Ressuscitado confere o primado a Pedro (cf. Jo 21,15).

11ª estação: O Ressuscitado envia os discípulos ao mundo (cf. Mt 28,19-20).

12ª estação: O Ressuscitado sobe ao céu (cf. At 1,11).

13ª estação: Com Maria, esperando o Espírito Santo (cf. At 1,14).

14ª estação: O Ressuscitado envia o Espírito Santo (cf. At 2,2-4).

15ª estação: Em Maria, o futuro da humanidade (cf. Rm 8,30).

 Orientações práticas

Círio Pascal

Com cartolina, papel colorido, cola e tesoura, montar um Círio Pascal, explicando aos catequizandos seu significado e a simbologia. (Outra opção seria fazer um Círio com uma vela maior e usar a criatividade para colocar os outros elementos. O mais importante é ver o sentido de cada sinal.) O Círio Pascal é preparado, abençoado, aceso e conduzido para a Igreja na noite da Santa Vigília Pascal. A Igreja toda às escuras simboliza o mundo em trevas, o mundo sem Deus, sem Jesus, sem o Evangelho. Nessa escuridão do mundo, brilhou e brilha para sempre a luz verdadeira: Jesus ressuscitado, simbolizado pelo Círio Pascal. O significado dos sinais, números e letras que ornamentam o Círio Pascal:

- *A cruz.* A cruz encravada no Círio, em geral de cor vermelha, lembra a cruz de Jesus Cristo. Ao traçar a cruz sobre o Círio, o celebrante diz: "Cristo, ontem e hoje, princípio e fim".

- *As letras.* As duas letras gregas colocadas ao alto e embaixo da cruz, o alfa (Λ) e o ômega (Ω), são a primeira e a última letra do alfabeto grego. Ao cravar as duas letras, o celebrante diz: "Alfa e ômega", isto é, "princípio e fim" (podem-se colocar as letras A e Z em substituição ao alfa e ao ômega).

A FÉ CRISTÃ PARA CATEQUISTAS 85

- *Os números.* Os números do ano corrente (por exemplo, 2008) afirmam que Jesus é o Senhor do tempo. O mesmo, ontem, hoje e para sempre: o sacerdote coloca quatro algarismos dizendo em cada um: *A ele é o tempo* (número 2), *é a eternidade* (número 0), *a glória e o poder* (número 0) *pelos séculos* (número 8). *Amém.*

- *Os grãos de incenso.* As cinco bolinhas que são afixadas à cruz, uma ao alto, outra ao centro, outra embaixo e as duas restantes nos dois braços da cruz, simbolizam as cinco chagas de Jesus Cristo. O celebrante diz: (ao alto da cruz) *Por suas santas chagas*, (ao centro) *suas gloriosas chagas*, (embaixo) *o Cristo Senhor*, (à esquerda) *nos proteja*, (à direita) *e nos guarde. Amém* (esses grãos podem ser substituídos no Círio da catequese por alfinetes com cabeça colorida).

Símbolos da Páscoa

Cordeiro. O cordeiro, o símbolo mais antigo da Páscoa, lembra a aliança feita entre Deus e o povo judeu na Páscoa da antiga lei. No Antigo Testamento, a Páscoa era celebrada com os pães ázimos (sem fermento) e com o sacrifício de um cordeiro como recordação da libertação da escravidão do Egito. Moisés, escolhido por Deus para libertar o povo judeu da escravidão dos faraós, comemorou a passagem para a liberdade imolando um cordeiro. Para os cristãos, o cordeiro é o próprio Jesus, Cordeiro de Deus, que foi sacrificado na cruz por nossos pecados e cujo sangue nos redimiu: "Morrendo, destruiu nossa morte, e, ressuscitando, restituiu-nos a vida". É a nova Aliança de Deus realizada por seu Filho, agora não só com um povo, mas com todos os povos.

Ovo. Nas culturas pagãs, o ovo trazia a ideia de começo de vida. Os povos costumavam presentear os amigos com ovos, desejando-lhes boa sorte. Os chineses já costumavam distribuir ovos coloridos entre amigos, na primavera, como referência à renovação da vida. Os cristãos antigos do Oriente foram os primeiros a dar ovos coloridos na Páscoa, simbolizando a ressurreição, o nascimento para uma nova vida. Nos países da Europa, costumava-se escrever mensagens e datas nos ovos e dá-los aos amigos. Na Alemanha, o costume era presentear as crianças. Na Armênia, decoravam-se ovos ocos com figuras de Jesus, Nossa Senhora e outros santos. O costume de pintar ovos com cores da primavera, para celebrar a Páscoa, foi adotado pelos cristãos no século XVIII. A Igreja doava aos fiéis os ovos bentos.

Coelho. Por sua grande fecundidade, o coelho tornou-se o símbolo mais popular da Páscoa. Ele simboliza a Igreja que, pelo poder de Cristo, é fecunda em sua missão de propagar a Palavra de Deus a todos os povos. Ele é um dos primeiros animais a sair de sua toca, quando termina o inverno. Por ser o anunciador da primavera, da vida que se renova, o coelho é também o símbolo do mensageiro da vida nova da Páscoa.

Girassol. O girassol é uma flor de cor amarela, formada por muitas pétalas, de tamanho geralmente grande. Tem esse nome, porque está sempre voltado para o sol. O girassol, como símbolo da Páscoa, representa a busca da luz que é Cristo Jesus; como ele segue o astro-rei, os cristãos buscam em Cristo o Caminho, a Verdade e a Vida.

III

CREIO NA IGREJA

Querigma: anunciar Jesus

O querigma significa o primeiro anúncio de Jesus Cristo a todos aqueles que não o conhecem. É o primeiro passo a ser feito para levar a fé cristã a povos e lugares que nunca ouviram falar de Jesus Cristo e de sua mensagem. Todo anúncio da fé cristã se baseia na pessoa de Jesus Cristo e em todos os seus atos de salvação. Sua ressurreição é o fundamento do cristianismo; sem ela, vazia é nossa fé, e a vida cristã não tem sentido.

À luz da Bíblia

A Palavra de Deus revela a ordem de Jesus para a atividade dos discípulos em fazer o primeiro anúncio do Cristo aos povos que não o conheciam. Como nos diz São Marcos: "Ide por todo o mundo, proclamai o Evangelho a toda criatura" (Mc 16,15). O anúncio de Jesus se torna fundamental para a vida dos discípulos. Não é possível conhecer Jesus sem o anúncio daqueles que já o conhecem e dão testemunho dele. Foi o que aconteceu com o etíope que não compreendia o sentido das Escrituras; quando Filipe pergunta se ele compreende o que lê, o estrangeiro afirma: "Como o poderia, se alguém não me explicar" (At 8,31). O pedido do etíope revela bem a necessidade do primeiro anúncio: se não há ninguém para falar de Jesus, ele deixa de ser conhecido no meio das pessoas.

Os apóstolos fizeram seu anúncio de forma singular. Como vemos em São Pedro, em seu discurso logo após Pentecostes: "Este homem, entregue segundo o desígnio determinado e a presciência de Deus, vós o matastes, crucificando-o pela mão dos ímpios. Mas Deus o ressuscitou, libertando das angústias do Hades [região dos mortos], pois não era possível que ele fosse retido em seu poder" (At 2,23-24). E, mais adiante, Pedro anuncia: "A este Jesus, Deus o ressuscitou, e disto nós todos somos testemunhas" (At 2,32). Também São Paulo anuncia Jesus Cristo no meio da cultura grega, não sente medo do anúncio em realidades desafiadoras: "Cidadãos atenienses! Vejo que, sob todos os aspectos, sois os mais religiosos dos homens. Pois, percorrendo a vossa cidade e observando os vossos monumentos sagrados, encontrei até um altar com a inscrição: 'ao Deus desconhecido'. Ora bem, o que adorais sem conhecer, isto venho eu anunciar-vos" (At 17,22-23).

 Na fé da Igreja

A Igreja existe para evangelizar, para anunciar a Boa-Nova de Jesus Cristo. Anunciar sua vida, seus milagres, suas obras de salvação, sua morte e ressurreição. O centro do primeiro anúncio é a pessoa de Jesus Cristo. O querigma é como o primeiro toque de um sino, o mais forte, aquele que inicia o som quebrando as barreiras do silêncio. Após a ascensão do Senhor e com a vinda do Espírito Santo, os apóstolos saíram para evangelizar, saíram com coragem para anunciar a salvação que vem de Deus. O querigma é anterior a qualquer tipo de organização, de estudo sobre Jesus, é anterior à doutrina. É o convite a aderir à pessoa de Jesus, é o primeiro contato com ele.

Diante do anúncio da Igreja, cada pessoa tem uma decisão importante para sua vida, ou acolhe ou rejeita sua proposta. Portanto, a evangelização tem como objetivo fazer discípulos, reunir as pessoas ao redor de Jesus. Seu anúncio para povos que não o conhecem só pode ser compreendido se entendermos que a salvação de Deus é universal. Se Deus quisesse salvar apenas algum grupo fechado, não haveria necessidade de anunciá-lo. Deus quer salvar a todos e oferece o caminho certo para isso, seu Filho encarnado: "Eu sou o Caminho, a Verdade e a Vida" (Jo 14,6). O querigma consiste no anúncio de que Jesus é Deus, nasceu de Maria sob ação do Espírito Santo, viveu na terra fazendo o bem, com milagres, perdão dos pecados e promovendo a vida das pessoas. Ele foi julgado, morto e sepultado, mas ressuscitou. No início das primeiras comunidades cristãs, após a pregação dos apóstolos, as pessoas se convertiam para a nova religião, eram catequizadas e recebiam a sacramento do Batismo, porta de entrada da pessoa na Igreja.

O anúncio de Jesus é para as pessoas terem uma vida mais feliz, para viver em harmonia com Deus e com os outros. Jesus disse: "Eu vim para

A FÉ CRISTÃ PARA CATEQUISTAS 91

que todos tenham vida e a tenham em abundância" (Jo 10,10). Seu anúncio provoca uma vida nova. A fé em Jesus Cristo não resolve os problemas de forma mágica, mas mantém a esperança, a força para enfrentá-los. Jesus é nosso salvador, aquele que revelou tudo o que é necessário para nossa salvação. As pessoas que descobrem a alegria do seguimento de Cristo não guardam para si esse tesouro, mas querem repartir com as demais que não possuem o dom da fé em Jesus.

Aprofundando o tema

Querigma e catequese

O anúncio de Jesus Cristo consiste no primeiro ato na ação de evangelizar. O querigma teve importância principalmente no início do cristianismo. A religião cristã ainda não era difundida pelo mundo. É fazer as pessoas terem o encontro apaixonante com o Cristo, o Salvador da humanidade. Após a vivência de fé, é o momento de conhecer a pessoa de Jesus Cristo. É a fase da catequese. Ela é o segundo momento da evangelização, o momento em que conhecemos a fé, os dogmas, os ensinamentos de Jesus para nossa vida. O querigma e a catequese são dois momentos distintos, mas complementares, da evangelização.

Evangelizar os católicos

O querigma se caracteriza pelo primeiro anúncio de Jesus Cristo. Isso está presente nas realidades em que nunca ninguém ouvir falar dele. Mas na sociedade de hoje, que já conhece a pessoa de Jesus Cristo, nota-se a necessidade de evangelizar quem já é católico. As pessoas conhecem Jesus, o querigma já foi feito, mas muitas pessoas não aderiram com fé. Vivem o cristianismo sem nenhum compromisso com a palavra de Jesus. Ele é apenas um nome conhecido que não modifica a vida. Os catequizandos, juntamente com os catequistas, precisam também sentir amor por Jesus, colocar a vida nas mãos de Deus e comprometer-se com seus ensinamentos.

Querigma e diálogo entre as religiões

O momento em que vivemos é marcado pela pluralidade. Basta acompanhar pela TV, ou perceber pelos diversos amigos, colegas e vizinhos que temos e perceber como vivemos cercados por pessoas diferentes. Cada pessoa tem suas próprias ideias, suas crenças, maneiras de pensar. Não é diferente em relação às religiões. Como podemos anunciar Jesus Cristo e não violar o direito de cada pessoa de seguir suas ideias, a cultura e a religiosidade que recebeu da família? O anúncio de Jesus não acontece de forma impositiva, obrigando os outros a serem cristãos. Para anunciar Jesus Cristo às pessoas de outras religiões ou culturas, sem ofender ou perder o diálogo, deve-se cativá-las com o testemunho de amor a ele, na vida prática, e anunciá-lo com mansidão: "Eis que estou à porta e bato: se alguém ouvir minha voz e abrir a porta, entrarei e cearei com ele, e ele comigo" (Ap 3,20).

 Testemunho de vida: *Padre José de Anchieta*, **o catequista**

José de Anchieta nasceu em 19 de março de 1534, em São Cristóvão da Lagoa, Ilhas Canárias, na Espanha. Filho de uma família rica, foi estudar em Portugal. Jovem, cheio de vida, inteligente e alegre por natureza, de coração aberto e brilhante nos estudos, Anchieta sentiu-se desde cedo atraído por Deus à vida religiosa. Entrou para a Ordem dos Padres Jesuítas, em 1551, com dezessete anos. Queria ser missionário de Jesus Cristo. Com apenas dezenove anos, José de Anchieta foi enviado ao Brasil, para uma missão evangelizadora. Aqui chegou em 1553. No atual Estado de São Paulo, pregou a Palavra de Deus, catequizou e batizou inúmeros índios que abraçavam a fé. Foi fundador, com o Pe. Manuel da Nóbrega, de muitas cidades do Brasil, como São Paulo, Niterói, Guarapari, São Mateus e Reritiba [atual Anchieta, ES], onde morreu em 1597, aos sessenta e três anos de vida, quarenta e quatro dos quais de incansável trabalho missionário. Ele foi o primeiro a escrever uma gramática tupi, então a língua mais falada pelos índios do Brasil. Ensinou-lhes a rezar em sua própria língua. Encantava-se com o interesse intelectual dos índios, seu talento para a música, sua habilidade artesanal. As peças de teatro que Anchieta escreveu, sobre a vida de Cristo e dos santos, foram os primeiros escritos do Brasil. Por isso, é considerado o "Pai da Literatura Brasileira". Catequista, poeta, professor, conhecedor profundo da cultura indígena, músico, enfermeiro e arquiteto, Anchieta foi o "Apóstolo do Brasil". O Papa João Paulo II o beatificou em 1980 e o Papa Francisco o canonizou em 3 de abril de 2014. Festa litúrgica em 9 de junho.

Crer e celebrar

Há um canto muito conhecido em nossas comunidades que resume as verdades de nossa fé a serem anunciadas no querigma. Pode-se cantar ou rezar as estrofes abaixo:

Tu és minha vida, outro Deus não há.
Tu és minha estrada, a minha verdade.
Em tua palavra eu caminharei.
Enquanto eu viver e até quando tu quiseres.
Já não sentirei temor, pois estás aqui.
Tu estás no meio de nós.

Creio em ti, Senhor, vindo de Maria.
Filho Eterno e Santo, homem como nós.
Tu morreste por amor, vivo estás em nós.
Unidade trina com o Espírito e o Pai.
Já não sentirei temor, pois estás aqui.
E abrirás o Reino dos Céus!

Tu és minha força, outro Deus não há.
Tu és minha paz, minha liberdade.
Nada nesta vida nos separará.
Em tuas mãos seguras minha vida guardarás.
Eu não temerei o mal, tu me livrarás.
E no teu perdão viverei!

Ó Senhor da vida, creio sempre em ti.
Filho Salvador, eu espero em ti!
Santo Espírito de amor, desce sobre nós.
Tu, de mil caminhos nos conduzes a uma fé.
E por mil estradas, onde andarmos nós.
Qual semente nos levarás.

Orientações práticas

Manchetes de jornal

Distribuir para o grupo: papel, cola e jornais velhos. Pedir para que façam a primeira página de um jornal. A notícia mais importante que devem colocar é o querigma. Será preciso usar termos atuais sem deixar que o conteúdo principal desse primeiro anúncio seja reduzido. Na capa ainda pode haver algumas outras notícias sobre o querigma. A ideia é levar os catequizandos a pensar como publicariam num jornal de hoje a grande novidade de Jesus Cristo.

A Igreja

A Igreja foi fundada por Jesus Cristo, que durante sua vida chamou os doze apóstolos, fazendo de Pedro o primeiro Papa, e lhes ordenou que anunciassem o Evangelho a toda criatura. O Espírito Santo, em Pentecostes, confirma a existência da Igreja com a missão de anunciar Jesus pelo mundo. Ela deve manter a fé viva em Jesus. A Igreja é humana e divina ao mesmo tempo. Possui quatro características fundamentais: é Una, Santa, Católica e Apostólica, e sua sede é em Roma. É a comunidade daqueles que têm fé e seguem Jesus Cristo.

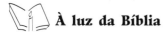 **À luz da Bíblia**

São diversos os textos bíblicos que falam da Igreja. Já no Antigo Testamento encontramos textos que antecipam a formação da Igreja de Cristo. O termo "Igreja" não aparece no Antigo Testamento, apenas encontramos seu sentido como assembleia convocada por Deus: "Agora, se ouvirdes a minha voz e guardardes a minha aliança, sereis para mim uma propriedade peculiar entre os povos" (Ex 19,5). Com Jesus Cristo, Deus faz uma nova aliança com seu povo e constitui sua Igreja na terra: "Também eu te digo que tu és Pedro, e sobre esta pedra edificarei a minha Igreja, e as portas do Inferno nunca prevalecerão sobre ela" (Mt 16,18). As imagens bíblicas mostram a união da Igreja com Jesus; onde está a Igreja aí está Jesus. A Igreja é o rebanho que segue a voz de seu pastor Jesus Cristo. Quem ouve e reconhece sua voz o segue (cf. Jo 10,1-10). A Igreja é a vinha do Senhor. Deus a cuida e envia trabalhadores para ela.

Na fé da Igreja

A palavra "Igreja" tem origem na língua grega, com o nome de *ekklêsía*. Na língua latina, foi usada com grafia semelhante, *ecclesia*. Ela significa "assembleia, povo reunido, convocado por Deus". Durante sua vida, Jesus foi chamando o grupo dos doze apóstolos, para que o seguissem e tivessem um relacionamento mais próximo. Os apóstolos foram aqueles que viveram com Jesus aprendendo com ele, testemunharam a ressurreição e foram enviados para anunciar o nome de Jesus e seu Reino. Jesus formou em sua vida terrena sua primeira comunidade de seguidores. Após a crucificação, a comunidade se dispersou por medo da perseguição. Somente com a vinda do Espírito Santo, em Pentecostes, é que essa comunidade foi confirmada e passou a ser reconhecida publicamente como comunidade reunida em torno do seguimento de Jesus Cristo. A razão da existência da Igreja é continuar a tornar presente o nome de Jesus vivo, pela ajuda do Espírito Santo, durante todos os tempos.

Jesus é Deus e homem ao mesmo tempo, isto é, divino e humano. Por causa disso, a Igreja também possui duas realidades, é divina e humana ao mesmo tempo. Ela é divina porque foi fundada por Jesus Cristo e animada pelo Espírito Santo; e humana porque é feita de homens e mulheres que a conduzem. A Igreja não se confunde com uma associação de moradores, um clube ou reunião de amigos. É muito mais que isso; é a união de todos aqueles que acreditam em Jesus e professam a mesma fé. Os discípulos não guardaram para si a grande alegria de Jesus Ressuscitado e quiseram levar aos demais sua alegria e fé. A Igreja transmite a fé de geração em geração.

Características fundamentais ou "notas da Igreja"

Una. A Igreja tem uma só fé, em um só Senhor. Possui uma unidade de fé. Desde o Papa até o mais simples dos fiéis é a mesma fé. O sinal visível da unidade da fé é o Papa. Os bispos são o sinal da unidade em cada diocese.

Santa. A Igreja é santa porque seu autor é santo: Deus. A Igreja tem sua origem em Deus. Jesus deu a vida pela Igreja, que se tornou seu corpo místico. Já o Espírito Santo santifica e anima a Igreja.

Católica. Esta palavra significa "universal". Quer dizer que a Igreja pode e deve existir em todos os lugares do mundo. Todas as pessoas podem ser batizadas e aderir a fé em Jesus Cristo. Por isso, a Igreja deve evangelizar todos os povos, pois ela tem a plenitude dos meios de salvação, e sua mensagem é destinada a todas as nações.

Apostólica. A Igreja que conhecemos hoje tem sua origem na comunidade dos apóstolos que conviveram com Jesus durante sua vida. Existe uma linha direta, uma sequência histórica dos bispos e o Papa com os apóstolos, especialmente São Pedro, primeiro Papa, que têm a missão de conservar com fidelidade os ensinamentos de Jesus, governar a Igreja e administrar os sacramentos.

Estrutura da Igreja

Vaticano. Sede da Igreja Católica, onde se encontra o bispo de Roma: o Papa. É o sinal de unidade dos católicos do mundo todo.

Diocese. A Igreja Católica, presente em todo o mundo, é dividida em dioceses. Estas últimas não são Igrejas paralelas à Igreja de Roma. São a mesma Igreja localizada em regiões específicas, com culturas, costumes e etnias próprias. O sinal de unidade da diocese é o bispo.

Paróquias. Cada diocese se divide internamente em paróquias sob a orientação de um pároco.

Organização da Igreja

Papa. É o sucessor de Pedro, sinal de unidade da Igreja. É chamado vigário de Cristo, está no lugar de Cristo. O Papa é a maior autoridade da Igreja, mas ele não pode decidir nada que vá contra a doutrina revelada por Cristo. Exerce sua autoridade na obediência à vontade de Deus. O Papa é um bispo, o bispo de Roma, que tem a missão de ser o ponto de unidade da Igreja Católica em todo o mundo.

Cardeal. É um título recebido do Papa. O grupo de cardeais auxilia o Papa na organização da Igreja pelo mundo. Quando o Papa morre, eles se reúnem em conclave (reunião fechada) para eleger um novo.

Bispo. É sinal de unidade da diocese. Juntamente com os outros bispos, formam o colégio episcopal que governa a Igreja juntamente com o Papa.

Padre. É o ministro ordenado que, geralmente, cuida de uma paróquia.

Diácono. É aquele que ajuda e serve ao bispo, especialmente exercendo a caridade.

Religioso. É o cristão que em comunidade, mediante os votos de pobreza, obediência e castidade, dedica sua vida a Deus e ao bem da Igreja.

Leigo. Todos os batizados que não recebem o sacramento da Ordem são leigos. São responsáveis por viver a santidade no meio da sociedade, no trabalho e na família.

Os cinco preceitos da Igreja

- Participar das Missas nos domingos e festas;

- Confessar-se ao menos uma vez por ano;

- Comungar ao menos pela Páscoa da ressurreição;

- Jejuar e abster-se de carne quando pede a Santa Mãe Igreja (Quarta-feira de Cinzas e Sexta-feira Santa);

- Contribuir com o dízimo segundo o costume.

Aprofundando o tema

Todo batizado é Igreja: o que entendemos, quando falamos dos participantes da Igreja? Às vezes, entendemos que a Igreja é feita pelos bispos e padres. Isso é verdadeiro, mas não completo. A Igreja é composta por todos os batizados. Todos os fiéis que foram batizados fazem parte da Igreja. Os ministros ordenados e os não ordenados fazem parte dos seguidores de Jesus e o servem de diferentes maneiras. Por esse motivo, todos são chamados à vida de santidade. Todo batizado tem por missão santificar-se e tornar a Igreja mais santa.

Muitas pessoas, nestes últimos tempos, não querem envolver-se com a comunidade-Igreja. Têm uma religião livre, juntando algumas práticas religiosas de uma religião, misturando com outras. Querem rezar sozinhas com Deus, não aceitando orações prontas, nem participando de Missas, porque é sempre o mesmo ritual. É preciso compreender melhor o sentido da comunidade. A comunidade-Igreja é onde as pessoas que possuem a mesma fé se reúnem para celebrar a vida em Cristo, para sair do isolamento e individualismo e dividir as alegrias e tristezas.

Durante a história da Igreja, muitas foram as obras em favor da vida em que realmente os cristãos testemunharam o amor de Deus. Mas também tiveram momentos de contratestemunho: as divisões religiosas que aconteceram com a Igreja do Oriente (ortodoxos) e divisão do Ocidente com a Reforma Protestante. Os exageros das indulgências e a inquisição são momentos que marcaram muito a história. Mas, como numa família em que há erros e feridas, é ela quem nos acolhe e protege; é ela o lugar das relações fraternas. Cada um deve fazer sua parte para a santidade da Igreja e não apenas criticá-la por suas falhas.

Testemunho de vida: *João Paulo II*, o Papa Peregrino

Karol Józef Wojtyla nasceu em Wadowice, Polônia, em 1920. Foi ordenado padre em 1946. Em 1958, foi nomeado bispo auxiliar de Cracóvia pelo Papa Pio XII. O Papa Paulo VI o nomeou arcebispo de Cracóvia, em 1964, e o fez cardeal em 1967. Com a morte de João Paulo I, os cardeais, reunidos em conclave, o elegeram Papa em 16 de outubro de 1978. Escolheu o nome de João Paulo II. Seu pontificado foi um dos mais longos da história da Igreja, durando quase vinte e sete anos. João Paulo II foi um incansável missionário. Realizou cento e quatro viagens apostólicas fora da Itália, e cento e quarenta e seis no interior do país. Seu amor aos jovens e às famílias inspirou-o a iniciar as "Jornadas Mundiais da Juventude", em 1985, e os "Encontros Mundiais das Famílias", em 1994. Promoveu o diálogo com os judeus e representantes de outras religiões, convidando-os a encontros de oração pela paz. Proclamou mil trezentos e trinta e oito beatos e quatrocentos e oitenta e dois santos. O *Papa peregrino* faleceu em 2 de abril de 2005. Do lado de fora, nas noites de sua agonia, a Praça de São Pedro permanecia lotada de jovens em vigília. Mais de três milhões de peregrinos renderam homenagens a João Paulo II durante os dias de seu velório. Na celebração de suas exéquias, o povo que superlotava a praça interrompeu inúmeras vezes a homilia, gritando por sua canonização: "*Santo subito!*" (santo já!). Foi beatificado pelo Papa Bento XVI no dia 1 de maio de 2011 e canonizado pelo Papa Francisco no dia 27 de abril de 2014. Festa litúrgica em 22 de outubro.

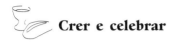 **Crer e celebrar**

Oração pela paz na Igreja
Senhor Jesus Cristo,
dissestes aos vossos apóstolos:
Eu vos deixo a paz, eu vos dou a minha paz.
Não olheis os nossos pecados,
mas a fé que anima vossa Igreja;
dai-lhe, segundo o vosso desejo,
a paz e a unidade.
Vós, que sois Deus, com o Pai e o Espírito Santo.
Amém.

 Orientações práticas

Dividir a turma em pequenos grupos e dar a estes a tarefa de desenhar uma parte do corpo humano (pé, braço etc.), menos a cabeça. Os grupos não devem ver o desenho que os outros estão fazendo. Ler o texto de 1Cor 12,12-27. Em seguida, montar o corpo com os desenhos feitos pelos grupos. Colocar como cabeça uma figura do rosto de Jesus. Refletir com o grupo: qual a importância de cada parte do corpo humano? Que relação tem isso com a Igreja? O que é necessário para haver harmonia entre as partes do corpo que é a Igreja? Que rosto tem nossa Igreja?

A comunhão dos santos

Toda santidade tem sua origem em Deus. A santidade das pessoas consiste na busca de Deus e no seguimento a Jesus Cristo. Assim, todos os seus seguidores formam uma só Igreja, tanto os vivos como os mortos. A morte não interrompe a solidariedade entre as pessoas. Os vivos rezam pelos mortos, que intercedem a Deus por nós aqui na terra. Essa comunicação não acontece com aparições ou diálogo direto, ela se realiza através da oração cristã.

À luz da Bíblia

A santidade cristã tem fundamento na santidade de Deus, conforme mostra o texto do Levítico: "Pois eu sou o Senhor vosso Deus. Fostes santificados e vos tornastes santos, porque eu sou santo" (Lv 11,44). Biblicamente, sabemos que a relação das pessoas mortas com os vivos não acontece de forma fantasiosa, com diálogos e aparições. O exemplo aparece em Lucas 16,19-31, onde aquele que sofre tormentos pede que Lázaro vá falar com seus irmãos que estão vivos para se converterem. O texto mostra claramente que não existe comunicação entre mortos e vivos. A comunicação acontece de forma espiritual, com mútua ajuda: rezamos em favor dos falecidos, e eles intercedem por nós junto de Deus. "Pois ninguém de nós vive e ninguém morre para si mesmo, porque, se vivemos, é para o Senhor que vivemos e, se morremos, é para o Senhor que morremos. Portanto, quer vivamos, quer morramos, pertencemos ao Senhor" (Rm 14,7-8).

Na fé da Igreja

Depois de compreender o mistério da Igreja presente aqui na terra, a comunhão dos santos é um outro ponto de nossa fé que amplia a noção de assembleia reunida por Deus. Não são apenas os vivos na terra que se reúnem na mesma fé em Jesus. A Igreja estende-se até aqueles que já faleceram. Aqui precisamos ampliar o conceito de Igreja para a união das pessoas convocadas pelo Pai em Jesus Cristo no Espírito Santo. Todos os crentes em Jesus de Nazaré formam um só povo, um só corpo e uma só Igreja: vivos e mortos.

O bem que fazemos, os gestos de caridade que praticamos, não ficam somente para nós ou para a pessoa a quem ajudamos. O bem se espalha para todos. Quando uma pessoa faz o bem, o bem se solidariza para todos e todos são beneficiados com isso. Da mesma forma, o mal não atinge apenas as pessoas envolvidas, mas todos são afetados por ele. É a comunhão na solidariedade entre as pessoas.

A comunhão dos santos acontece pela comunhão espiritual que existe entre todos os seguidores de Jesus. A morte não tem poder de terminar com a união das pessoas entre si. Mesmo em outra dimensão, as pessoas continuam ajudando umas às outras; aqui na terra, rezando pela purificação das almas e lá no céu, intercedendo por nós. Não podemos entender a comunhão dos santos como uma forma de relacionamento em que os mortos vêm "falar" com os vivos. Os vivos não ouvem, não enxergam os mortos e nem estes podem aparecer diante das pessoas para fazer-lhes o mal. Existe uma barreira intransponível entre os vivos e os mortos. Nós não podemos experimentar a realidade depois da morte nem os mortos podem voltar à nossa realidade terrena. A comunhão dos santos acontece na solidariedade da caridade. A Igreja pode ser entendida como aqueles que estão caminhando aqui na terra rumo ao céu (*Igreja militante*), também aqueles que estão em processo de purificação no purgatório (*Igreja padecente*) e aqueles que estão junto de Deus nos céus (*Igreja triunfante*).

Aprofundando o tema

Imagens dos santos

Muito se tem discutido com outros grupos religiosos sobre o lugar das imagens na vida dos fiéis. Utilizando passagens bíblicas do Antigo Testamento, dizem que é pecado de idolatria fazer imagens de santos. Eles acusam os católicos de fazerem adoração de imagens, trocando a adoração a Deus por imagens de gesso e madeira. A religiosidade dos judeus do Antigo Testamento não permite o uso de imagens por sua compreensão de fé e para não se misturar com cultos de povos vizinhos. A tradição da Igreja Católica aceitou, ao longo de sua história, o uso de imagens como expressão de fé e devoção. O que fundamenta o uso de imagens é a encarnação de Jesus. Deus se fez visível aos seres humanos na presença de seu Filho Jesus. A imagem do santo não é centro em si mesma, mas indica, é sinal, para aquele que é essencial à nossa vida cristã: Deus.

Testemunho dos santos

Os santos viveram não para si, mas sim para Deus e para os outros. Muitas vezes, em nossas orações, pedimos a intercessão dos santos para que Deus atenda nossos pedidos. Isso é importante para nossa fé e alimenta a esperança de que Deus pode nos ajudar. Sabemos que, por nossas próprias forças, não conseguimos o que queremos. Mas os santos também devem despertar nos fiéis a vontade de ter uma vida santa. Eles não são apenas intercessores; são modelos de vida cristã, de fé e de testemunho de caridade. Devemos também buscar a semelhança com eles na forma de vida que temos. Os santos foram disponíveis à graça de Deus e fizeram sua vontade aqui na terra. Deixaram essa herança e missão para nós: sermos presença de Deus no meio do mundo.

Comunicação com os mortos

Na atualidade, os meios de comunicação de massa usam imagens, reportagens e novelas, mostrando a aparição de pessoas já falecidas aos vivos, comunicação entre eles, mensagens, relatos de experiências de pessoas que estavam inconscientes e viram uma luz branca no fim de um túnel ou mesmo "brincadeiras do copo". Tudo isso, além de muita fantasia da televisão, não condiz com a fé cristã. Mesmo a ciência não comprova que realmente existam esses fatos, e a parapsicologia ajuda a entender que muitos fenômenos que são atribuídos a experiências sobrenaturais são, na verdade, projeções mentais. A fé cristã é bem clara em dizer que não existem aparições dos mortos, não há esse tipo de relacionamento entre vivos e mortos. O que existe é uma comunhão espiritual. Nenhum morto voltou para a terra para contar como é a vida depois da morte. Jesus deixou claro, no Evangelho, que morremos uma só vez, para depois ressuscitar.

Testemunho de vida: *Santa Teresinha do Menino Jesus, a missionária*

Teresa de Lisieux nasceu em Alençon (França), em 2 de janeiro de 1873, e faleceu em Lisieux, em 1897. É conhecida como Santa Teresa do Menino Jesus e da Santa Face ou, popularmente, Santa Teresinha. Quando nasceu, era muito franzina e doente e, desde o nascimento, exigiu muitos cuidados. Foi aluna na Abadia das Beneditinas de Lisieux e lá permaneceu por cinco anos. Porém, após sofrer muitas humilhações, de lá saiu e passou a receber aulas particulares. Perto dos catorze anos, no Natal de 1886, Teresa teve uma experiência que chamou de "Noite da minha conversão". Seis meses depois, Teresa decidiu que queria entrar para o Carmelo (Ordem das Carmelitas Descalças). Como a pouca idade a impedia, foi levada por familiares, em novembro de 1887, para uma audiência com o Papa, em Roma, para pedir a exceção. Concedida a autorização, ingressou na ordem em 9 de abril de 1888. Fez sua profissão religiosa em 8 de setembro de 1890 e tomou o nome de Teresa do Menino Jesus e da Santa Face. Inclinada por temperamento à calma e à tristeza, Teresa, já atingida pela tuberculose, não rejeitava trabalho algum e continuava a "jogar para Jesus flores de pequenos sacrifícios". Morreu em 30 de setembro de 1897, com apenas vinte e quatro anos. Disse, na manhã de sua morte: "Eu não me arrependo de me ter abandonado ao amor". No dia 4 de outubro de 1897, foi sepultada no cemitério de Lisieux. No dia 17 de maio de 1925, Teresinha foi canonizada pelo Papa Pio XI. O mesmo Papa a declarou "Padroeira Universal das Missões", em 1927. O Papa João Paulo II a proclamou Doutora da Igreja em 1997.

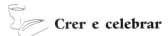 **Crer e celebrar**

Festa de Todos os Santos

A celebração teve origem em Antioquia, no Oriente, no século IV, e foi introduzida no Ocidente, em Roma, no século VI. Várias foram as razões para realizar essa festa: resgatar a lembrança daqueles cujos nomes foram omitidos por falta de documentos e que somente são conhecidos por Deus; alcançar, por sua intercessão, as graças de que necessitamos e ter sempre presentes esses modelos de conduta, a fim de imitá-los. Deus prometeu de fato dar a eterna bem-aventurança aos pobres no espírito, aos mansos, aos que sofrem e aos que têm fome e sede de justiça, aos misericordiosos, aos puros de coração, aos pacíficos, aos perseguidos por causa da justiça e a todos os que recebem o ultraje da calúnia, da maledicência, da ofensa pública e da humilhação. Hoje todos esses santos que tiveram fé na promessa de Cristo, a despeito das fáceis seduções do mal e das aparentes derrotas do bem, alegram-se e exultam pela grande recompensa dada por um Rei incompreensivelmente misericordioso e generoso, Deus. Os santos são amigos eficazes, pois a vontade deles é totalmente semelhante à de Deus, manifestada em Cristo, único Senhor deles e nosso.

Essa celebração presta homenagem também a todos os santos desconhecidos, sem nome, que pareceram presença inútil no mundo, mas que carregaram, em silêncio, a marca do Filho do Homem, ou seja, a cruz. Para Deus, os santos são amados todos do mesmo modo, pois o que conta não é a irradiação do testemunho dado na terra, mas a fidelidade e o amor que somente Deus conhece.

Oração a Todos os Santos
Ó Deus, fonte de toda santidade,
concedei a cada um de nós
seguir fielmente a sua vocação,
pela intercessão dos vossos santos,
a quem concedestes na terra graças diferentes
e uma só recompensa no céu.
Por nosso Senhor Jesus Cristo, vosso Filho,
na unidade do Espírito Santo.
Amém.

 Orientações práticas

Cada participante do grupo pode trazer uma imagem ou estampa de seu santo de devoção. Cada pessoa pode fazer uma pesquisa sobre a vida do santo e apresentá-la. Cada vez mais é preciso divulgar os exemplos da fé cristã que despertam para o seguimento de Jesus. Seria interessante que, após conhecer a vida de um santo, procurássemos ver quais passagens do Evangelho o santo mais praticou.

IV

CREIO E CELEBRO

Os sacramentos

Os sacramentos são sinais visíveis da graça invisível de Deus. Instituídos por Jesus Cristo e confiados à Igreja, pelos quais recebemos a vida divina, os sacramentos são eficazes em si mesmos, porque neles Cristo atua diretamente. São sinais que manifestam o amor que Deus tem por cada um de nós. Neles está contida a graça, isto é, a vida sobrenatural que ele nos concede através desses sinais. Não são apenas um recado de amor, mas um presente, um dom concreto que modifica a vida de quem os recebe.

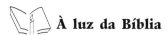 **À luz da Bíblia**

Fundamentação do sacramento na Palavra de Deus

Batismo. Sua instituição está nos seguintes textos: "Em verdade vos digo que quem não renascer da água e do Espírito Santo não poderá entrar no Reino de Deus" (Jo 3,5), disse Jesus a Nicodemos. "Ide, ensinai todas as gentes, batizando-as, em nome do Pai, e do Filho e do Espírito Santo" (Mt 28,19), disse Jesus a seus discípulos. "O que crer e for batizado, será salvo" (Mc 16,61), promete o Salvador. "Recebe o Batismo e lava os teus pecados" (At 22,16), disse Ananias a Saulo.

Crisma. Os Atos dos Apóstolos mostram que seu rito exterior consiste na imposição das mãos, diferente do Batismo, que utiliza a água. Os apóstolos Pedro e João, enviados à Samaria, *punham as mãos sobre os que tinham sido batizados* e estes recebiam o Espírito Santo (cf. At 8,12-17). Do mesmo modo, São Paulo, indo a Éfeso, batizou, em nome de Jesus Cristo, discípulos de João e *a eles impôs as mãos, para que o Espírito Santo viesse sobre eles* (cf. At 19,1-6).

CREIO E CELEBRO

Eucaristia. Eis, em São João, os termos de que Jesus Cristo se serviu, falando a primeira vez desse grande sacramento: "Eu sou o pão da vida; vossos pais comeram o maná no deserto e morreram. Este é o pão que desceu do céu, para que o que dele comer não morra. Eu sou o pão vivo, descido do céu. Se alguém comer deste pão, viverá eternamente, e o pão que eu darei é a minha carne, para a vida do mundo" (Jo 6,48-52). "Quando estavam ceando, Jesus tomou o pão, benzeu-o e partiu-o, e deu-o a seus discípulos, dizendo: 'Tomai e comei, isto é o meu corpo, que é dado por vós. Fazei isto em memória de mim'" (Lc 22,19). "E, tomando o cálice, deu graças, e o deu a eles, dizendo: Bebei deste todos, porque isto é o meu sangue da nova Aliança, que será derramado por muitos, para a remissão dos pecados" (Mt 26,27-28).

Penitência. "Se confessarmos os nossos pecados, ele, que é fiel e justo, perdoará nossos pecados e nos purificará de toda injustiça" (1Jo 1,9). No dia da ressurreição Jesus "apareceu no meio dos apóstolos [...] e, mostrando-lhes as mãos e seu lado [...] lhes disse: 'A paz esteja convosco. Assim como meu Pai me enviou, eu vos envio a vós'. [...] soprando sobre eles: 'Recebei o Espírito Santo [...]. Àqueles a quem perdoardes os pecados, ser-lhes-ão perdoados, e àqueles a quem os retiverdes, ser-lhes-ão retidos'" (Jo 20,21-23).

Unção dos Enfermos. O Evangelho diz que, "à ordem do Senhor [...], os apóstolos expeliam muitos demônios e ungiam com óleo a muitos enfermos e os curavam" (Mc 6,13). A instituição da Unção dos Enfermos decorre destas palavras de São Tiago: "Está entre vós alguém enfermo? Chame os sacerdotes da Igreja, e estes façam oração sobre ele, ungindo-o com óleo, em nome do Senhor. E o Senhor o aliviará, e, se estiver em algum pecado, ser-lhe-á perdoado" (Tg 5,14-15).

Ordem. São Paulo escreve: "Não desprezes a graça que há em ti e te foi dada por profecia pela imposição das mãos do presbitério" (1Tm 4,14). Chama-se presbitério a reunião dos bispos e padres para a ordenação de Timóteo, de que São Paulo foi o principal ministro, como se vê claramente na segunda epístola dirigida ao mesmo discípulo. "Por este motivo, te admoesto que reanimes a graça de Deus, que recebeste pela imposição de minhas mãos" (2Tm 1,6). E por onde Paulo e Barnabé passavam "ordenavam sacerdotes para cada Igreja" (At 14,23).

Matrimônio. "Não separe o homem o que Deus uniu" (Mt 19,6). Este mistério, ou sacramento, é "grande em relação a Cristo e à Igreja" (Ef 5,32), diz o apóstolo Paulo. Isso é grande, em relação a Cristo, porque é instituição divina; grande, em relação à Igreja, que deve mantê-lo em sua unidade e indissolubilidade.

 Na fé da Igreja

O sacramento é o sinal de uma realidade maior que aquela que os olhos enxergam, por exemplo: o cartão que o namorado dá para a namorada é sinal do carinho dele para ela. Ela guarda o cartão como sinal, símbolo do amor que existe entre eles. Assim, também, a aliança dos casais é o sinal visível de um compromisso que eles assumiram.

Há três aspectos em cada sacramento:

- *Um sinal sensível.* Deve ser "sensível" porque, se não pudéssemos percebê-lo, deixaria de ser um sinal. Esse sinal sensível consta sempre de "matéria" e de "forma", isto é, da matéria empregada e das palavras pronunciadas pelo ministro do sacramento.

- Deve ser *instituído por Jesus Cristo*, porque só Deus pode ligar um sinal visível à sua graça. Jesus, durante sua vida, instituiu pessoalmente alguns dos sete sacramentos, deixando à Igreja o cuidado de estabelecer ritos secundários e realçá-los com cerimônias.

- *Para produzir a graça.* Isto é, distribuir-nos os efeitos e méritos da salvação que Jesus Cristo nos deu. Os sacramentos comunicam a graça "por virtude própria", independentemente das disposições daquele que os administra ou recebe. Deus, em Jesus, garantiu que, ao longo da vida, em sete momentos sintamos seu amor de forma especial.

1º O *Batismo* é o nascimento da graça.

2º A *Crisma* é o desenvolvimento da graça.

3º A *Eucaristia* é o alimento para a vida.

4º A *Penitência* é a cura das fraquezas e quedas.

5º A *Unção dos Enfermos* é o restabelecimento das forças.

6º A *Ordem* gera o poder de servir de modo especial à graça nos eleitos ordenados.

7º O *Matrimônio* abençoa a decisão humana de viver no amor e na graça de Cristo, formando a família.

CREIO E CELEBRO

Aprofundando o tema

Sacramentos que marcam para sempre

Alguns sacramentos imprimem caráter, isto é, deixam uma marca na pessoa. O caráter sacramental é um selo espiritual que une a Cristo todo aquele que o recebe. Por isso, trata-se de um selo indelével, uma marca que não pode ser apagada, e por ser permanente o cristão o recebe apenas uma vez na vida. São sacramentos que imprimem caráter: Batismo, Confirmação (Crisma) e Ordem Sacerdotal.

A graça e os sacramentos

A graça é o que a teologia define como "um dom sobrenatural de Deus", por causa dos méritos de Jesus Cristo para a salvação. Querendo ou não, todos devem viver da graça. Ou escolhemos a vida de Cristo que é a graça ou a vida do vício; a salvação ou a perdição.

Para comunicar-nos sua vida, Deus podia agir imediatamente sobre nós. De fato, ele o faz às vezes. A oração poderia produzir esse efeito, mas, além dessa ação imediata, Deus deixou meios especiais para comunicar-nos suas graças através dos sacramentos.

Há, portanto, duas possibilidades em nossa vida: o *pecado* e a *graça*. A graça é o dom de Deus que vem de Jesus Cristo. É a seiva dessa graça que deve circular em nós: "Nós somos os ramos, Cristo é o tronco" (Jo 15,4-5). Deve haver união íntima entre os meios que comunicam a graça e a pessoa que a recebe. A vida de oração e as boas obras não bastam para plenificar a união. São necessários os sacramentos.

Jesus instituiu os sete sacramentos?

Os sacramentos do Novo Testamento, instituídos por Cristo e confiados à Igreja como ações de Cristo e da Igreja, constituem sinais e meios pelos quais ela exprime e aumenta a fé e realiza a santificação dos homens. Jesus instituiu os sacramentos para oferecer a todos os homens, em todos os tempos, a salvação. Não encontramos explicitamente a instituição dos sacramentos por Cristo no Novo Testamento. Alguns sacramentos possuem um texto próprio da instituição de Jesus Cristo, outros são textos que mostram práticas de Jesus ou da comunidade, mas não explicitam sua instituição direta. Assim, afirma-se que Cristo instituiu explicitamente o Batismo, a Penitência e a Eucaristia. Os sacramentos, contudo, têm seu fundamento em Cristo, pois é ele que age em todas as celebrações. A definição dos sete sacramentos instituídos por Cristo aconteceu no Concílio de Trento (1545-1564).

Os sacramentais

Outra maneira de santificação são os sacramentais. São sinais sagrados instituídos pela Igreja para santificar pessoas, objetos, momentos. Eles respondem à devoção popular e à cultura do lugar. Dentre os sacramentais as bênçãos têm maior destaque.

Testemunho de vida: *Frei Galvão,* um sinal de Deus para os brasileiros

Frei Galvão, como padre, ministrou os sacramentos, especialmente a Eucaristia, a Penitência e a Unção dos Enfermos. Sua vida, marcada pela graça de Deus, é um sinal de Deus para o povo brasileiro. Antônio de Sant'Anna Galvão nasceu em 1739, em Guaratinguetá, São Paulo. Aos vinte e um anos, entrou para o noviciado dos Franciscanos na Vila de Macacu, no Rio de Janeiro. Foi confessor estimado e procurado. Em 2 de fevereiro de 1774 fundou uma congregação feminina em São Paulo. Durante catorze anos cuidou pessoalmente da construção do mosteiro para as irmãs (1774-1788) e outros catorze para a construção da Igreja do mosteiro (1788-1802). Frei Galvão foi arquiteto, mestre-de-obras e até pedreiro. A obra é o Mosteiro da Luz em São Paulo. Considerado santo já em vida, era procurado para a cura, em tempos em que não havia recursos e ciência médica como hoje. Numa dessas ocasiões, inspirado por Deus, escreveu num pedaço de papel uma frase em latim do Ofício de Nossa Senhora, que poderia ser traduzida assim: "Depois do parto, ó Virgem, permaneceste intacta: Mãe de Deus, intercede por nós!". Enrolou o papel em forma de pílula e deu a um jovem que estava quase morrendo por fortes cólicas renais. Imediatamente cessaram as dores e ele expeliu um grande cálculo. Logo veio um senhor pedindo orações e um "remédio" para a mulher que estava sofrendo em trabalho de parto. Frei Galvão fez novamente uma pílula, e a criança nasceu rapidamente. A partir daí teve que ensinar as irmãs do mosteiro a confeccionar as pílulas e dar às pessoas necessitadas, o que elas fazem até hoje. Faleceu em 23 de dezembro de 1822 e foi sepultado na Igreja do Mosteiro da Luz, que ele mesmo construíra. No dia 11 de maio de 2007, em visita a São Paulo, o Papa Bento XVI canonizou esse primeiro santo nascido no Brasil.

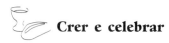 **Crer e celebrar**

Visitar a Igreja da comunidade e fazer alguns instantes de adoração ao Santíssimo Sacramento. Reconhecer, assim, que o Ressuscitado está sempre presente em nosso meio. Na Eucaristia encontramos a forma privilegiada desse encontro. O sacramento da Eucaristia é o memorial permanente da paixão, morte e ressurreição de Jesus Cristo.

É interessante que, diante de tão grande mistério de adorar Jesus no pão da Eucaristia, procure-se fazer silêncio. Calar a voz, a mente e o coração e deixar Deus invadir com sua luz todo o nosso ser. No final da visita ao Santíssimo, pode-se rezar:

Jesus, nosso Senhor e Deus,
pela tua graça, pedimos que a força originada da tua ressurreição
aumente nossa confiança, reavive nossa esperança,
intensifique nosso amor para que, com a alegria própria dos filhos de Deus,
possamos assumir uma nova vida fundamentada na tua vitória sobre a morte.
Amém.

 Orientações práticas

Colocar sobre a mesa uma flor, uma carta (ou um *e-mail* impresso) e um cartão. Vamos olhar os símbolos. O que eles nos lembram?

- Uma flor dada num aniversário, num casamento ou num funeral é sempre uma flor, mas o que muda e qualifica esse ato?

- Uma carta ou um *e-mail* pode trazer a notícia de um nascimento, uma promoção do trabalho ou noticiar o falecimento de um parente. O que faz com que o conteúdo seja diferente, embora seja sempre uma carta?

- Um cartão pode ser de natal ou de aniversário, mas é sempre cartão. De que seu significado depende?

Vimos, então, que as coisas podem ter muitos significados. São sinais visíveis de alguém e de alguma mensagem verdadeira, mas invisível. Sinais sensíveis de uma realidade invisível.

16

Batismo

O Batismo é o primeiro sacramento que recebemos; é a porta de entrada para a Igreja e para toda a vida sacramental. O Batismo é o sacramento instituído por Jesus Cristo que nos faz seus discípulos e nos regenera para a vida da graça, através da purificação com água e da invocação das três Pessoas Divinas: Pai, Filho e Espírito Santo. Batismo, do grego *baptismós*, quer dizer "imersão, banho, mergulho". Batizar é lavar, purificar, mergulhar na água. O Batismo tem sua origem no próprio Jesus Cristo, que enviou seus discípulos para evangelizar os povos e batizá-los em nome do Pai, do Filho e do Espírito Santo. Os apóstolos, seguindo o mandato de Cristo, tinham a consciência de anunciar o Evangelho e batizar os convertidos ao cristianismo, para que, renascidos na água, pudessem dar testemunho de vida cristã. Por isso, trata-se de uma purificação, feita com água que lava do pecado original, dando ao batizado uma nova condição de existência. Confere uma vida nova.

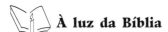 **À luz da Bíblia**

O mandato de Jesus

Quando Cristo enviou seus apóstolos por todo o mundo, disse-lhes: "Ide e fazei discípulos a todas as gentes, batizando-as em nome do Pai e do Filho e do Espírito Santo" (Mt 28,19). "O que crer e for batizado será salvo; mas o que não crer será condenado" (Mc 16,16).

O Batismo na Igreja primitiva

"Disse-lhes Pedro: 'Arrependei-vos, e cada um de vós seja batizado em nome de Jesus Cristo, para o perdão dos pecados. E recebereis o dom do

Espírito Santo. A promessa diz respeito a vós, a vossos filhos, e a todos que estão longe – a tantos quantos Deus nosso Senhor chamar'" (At 2,38-39).

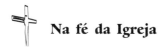 **Na fé da Igreja**

Matéria e forma do sacramento

A *matéria* deste sacramento é a água, e a *forma* são as palavras: "Eu te batizo em nome do Pai e do Filho e do Espírito Santo".

Os cinco efeitos do Batismo

Redime de todos os pecados. O Batismo apaga todos os pecados: o pecado original, devido à culpa de nossos primeiros pais, e os pecados atuais, devido às nossas próprias culpas. Caso o batizado seja um adulto, este será totalmente purificado dos pecados cometidos até então.

Infunde a graça, os dons do Espírito Santo e as virtudes. O Batismo dá a graça santificante que nos torna filhos adotivos de Deus e nos confere o direito de participar da glória de Deus. Concede, também, os dons do Espírito Santo e todas as virtudes.

Imprime caráter. O Batismo, uma vez validamente conferido, não mais poderá ser repetido. Ele grava na pessoa uma marca como um sinal indelével (que não pode ser apagado) que nos diferenciará para sempre de todos quantos não são batizados.

Incorpora a Jesus Cristo. Tanto a graça como o caráter são efeitos sobrenaturais do Batismo, que nos unem ao Cristo como se unem os membros do corpo com a cabeça. Cristo é nossa Cabeça, e o caráter batismal nos vincula a ele para sempre, enquanto a graça nos faz membros vivos de seu corpo, que é a Igreja.

Incorpora à Igreja. Pelo Batismo, convertemo-nos em membros da Igreja, com direito a participar dos demais sacramentos; sem ser batizado, não se pode receber nenhum outro sacramento. A Igreja é o Corpo Místico de Cristo, e o Batismo nos incorpora a Cristo, que é a cabeça, e a seu corpo, que é a Igreja.

Aprofundando o tema

O Batismo de sangue e de desejo

E quando alguém não pode ser batizado, seja porque morreu antes de receber o sacramento, seja porque não conheceu Jesus?

O Batismo é necessário para a salvação, como declarou Jesus a Nicodemos: "Em verdade, em verdade te digo, que, se alguém não nascer da água e do Espírito, não pode entrar no Reino dos Céus" (Jo 3,5). Quando não é possível receber o sacramento do Batismo, pode-se alcançar a graça para salvar-se pelo chamado Batismo *de desejo*, um ato de perfeito amor a Deus, ou a contrição dos pecados com o desejo explícito ou implícito de ser batizado – e pelo Batismo *de sangue* ou martírio, que é dar a vida por Cristo. Jesus disse aos discípulos, filhos de Zebedeu: "Podeis ser batizados com o batismo com que eu sou batizado?" (Mc 10,38). Jesus se referia ao Batismo da imersão em seu próprio sangue, que se verificou no Getsêmani (cf. Lc 22,44), para mais tarde se completar com os açoites e a cruz. Com esse ato de amor infinito, ele mereceu o perdão dos pecados do gênero humano em geral. Por isso, todo martírio merece o perdão dos pecados. É o ato de amor e fé mais sublime que uma criatura pode dar e, consequentemente, é o ato de maior amor que recebe de Deus. Portanto, quando alguém morre sem ser batizado, mas com o desejo de ter recebido o sacramento, este mesmo desejo lhe confere a graça do Batismo. Igualmente, se alguém morre por causa de Cristo, derrama seu sangue por ele e, mesmo não sendo batizado, seu martírio lhe dá um Batismo especial.

Algumas orientações práticas sobre o Batismo

Aos adultos que não foram batizados, recomenda-se que recebam todos os sacramentos da iniciação cristã. Em caso de dúvida sobre o Batismo de alguém, batiza-se sob condição. Aqueles que foram batizados em comunidade não católica, mas de Batismo reconhecido, não devem ser batizados sob condição. As Igrejas nas quais o Batismo é válido são: Igrejas orientais (ortodoxas), Anglicana, Luterana e Metodista. Um cristão batizado em uma delas não deve ser rebatizado, nem sob condição.

CREIO E CELEBRO

A Igreja recomenda uma qualificação nos cursos de preparação para o Batismo. Que pais e padrinhos tenham consciência da importância do sacramento. Que a celebração reflita o significado de acolher alguém na comunidade do Ressuscitado.

A missão dos pais e padrinhos

Junto aos pais, durante o rito, há um padrinho e uma madrinha. Essas figuras representam as pessoas que se comprometem com seu testemunho a ajudar os pais, ou a substituí-los, na formação cristã do batizado. O primeiro e principal dever dos pais e padrinhos é instruir o filho pela Palavra e pelo testemunho: anunciar Jesus com palavras e exemplos. O filho (ou afilhado) segue o exemplo dos pais e padrinhos. Em suas mãos, está o cultivo da fé da criança. Pais e padrinhos devem procurar aprofundar sua própria fé. Hoje, muitas pessoas têm uma formação cristã precária, nem sempre frequentam a comunidade e não vivem a mensagem de Cristo. É preciso conhecer mais para amar mais Jesus Cristo e a Igreja.

Padrinhos devem ter pelo menos dezesseis anos completos, ser católicos, crismados e ter recebido a Eucaristia. O *Código de Direito Canônico* admite a possibilidade de um só padrinho ou madrinha (cf. cân. 873). Quando se escolhe uma pessoa não católica para ser padrinho ou madrinha, ela deve ser batizada em sua Igreja e admitida como "testemunha do Batismo". Nesse caso, o outro padrinho deve ser católico (cf. cân. 784).

Relação do padrinho de Batismo com o de Crisma

O ideal é que se convide um casal para padrinhos de Batismo. Estes devem ser batizados e crismados, pois devem representar a Igreja. Não são apenas amigos da família, mas, principalmente, membros da Igreja. Ultimamente, tem-se o costume de convidar dois ou mais casais para serem padrinhos. Essa prática não é ideal. No início do cristianismo, apenas uma pessoa, no máximo duas, exerciam a função de padrinhos da criança. O padrinho e a madrinha, hoje, perderam seu sentido original: eles são auxiliares dos pais na iniciação da fé de seus afilhados. Igualmente, por ocasião da Crisma, o ideal é que os mesmos padrinhos de Batismo sejam testemunhas da Confirmação: "Para a Confirmação, como para o Batismo, convém que os candidatos procurem a ajuda espiritual de um padrinho ou de uma madrinha. Convém que seja o mesmo do Batismo, a fim de marcar bem a unidade dos dois sacramentos" (*Catecismo da Igreja Católica*, n. 1311).

Testemunho de vida: *João Batista,* **o Precursor**

No dia 24 de junho, os cristãos celebram o nascimento de São João Batista. João foi filho de Zacarias que, por causa de sua pouca fé, tornou-se mudo, e de Isabel, aquela que era estéril. O nascimento de João Batista anuncia a chegada dos tempos messiânicos, nos quais a esterilidade se tornará fecundidade, e o mutismo, exuberância profética. O Evangelho lhe chama de "Batista" (o batizador) porque ele anuncia um novo rito de purificação (cf. Mt 3,13-17). João pretendia mostrar, com seu gesto de batizar, que o homem não pode purificar-se sozinho, pois a santidade vem de Deus. Ele foi profeta, pois pôde apontar o sentido final de suas profecias: o Cordeiro de Deus, Jesus. Ele mostrou o Cordeiro e orientou que o seguissem. Por falar a verdade e denunciar os erros de seu tempo, a mulher de Herodes pediu que ele fosse decapitado. Ela queria calar a voz do profeta. Mas o clamor de João Batista se estende até hoje: "Preparai os caminhos do Senhor!" (Mt 3,3).

 Crer e celebrar

Renovação das promessas batismais

P. Meus irmãos e minhas irmãs, pelo mistério pascal, fomos, no Batismo, sepultados com Cristo para vivermos com ele uma vida nova. Por isso renovemos as promessas do nosso Batismo, pelas quais já renunciamos ao mal e prometemos servir a Deus em sua Igreja.
P. Para viver na liberdade dos filhos e filhas de Deus, renunciais ao pecado?
T. Renuncio.
P. Para viver como irmãos e irmãs, renunciais a tudo o que vos possa desunir, para que o pecado não domine sobre vós?
T. Renuncio.
P. Para seguir Jesus Cristo, renunciais ao demônio, autor e princípio do pecado?
T. Renuncio.
P. Credes em Deus, Pai todo-poderoso, criador do céu e da terra?
T. Creio.
P. Credes em Jesus Cristo, seu único Filho, nosso Senhor, que nasceu da Virgem Maria, padeceu e foi sepultado, ressuscitou dos mortos e subiu ao céu?
T. Creio.
P. Credes no Espírito Santo, na santa Igreja Católica, na comunhão dos santos, na remissão dos pecados, na ressurreição dos mortos e na vida eterna?

T. Creio.

P. *O Deus, todo-poderoso, Pai de nosso Senhor Jesus Cristo, que nos fez renascer pela água e pelo Espírito Santo e nos concedeu o perdão de todo pecado, guarde-nos em sua graça para a vida eterna, no Cristo Jesus, nosso Senhor.*

T. Amém.

 Orientações práticas

O catequista coloca sobre a mesa os diversos símbolos do Batismo e pergunta ao grupo o que os objetos significam na vida cotidiana. Em seguida, pede que o grupo relacione cada objeto ao Batismo. Finalmente, pode-se ler o texto abaixo, para firmar o significado dos símbolos no sacramento.

Água. É o símbolo mais importante do Batismo. A água batismal purifica os pecados e deixa a pessoa disponível para Deus. O mergulho na água batismal significa a morte do pecado, do homem velho, do egoísmo, e revela o novo ser humano que renasce das águas santificadas por Cristo.

Óleos. A unção, antes do Batismo, com o óleo dos catecúmenos (aqueles que se preparam para receber o Batismo), significa purificação e fortalecimento. A unção com o óleo do crisma, depois do Batismo, é o sinal de uma consagração. Os que são ungidos participam mais intensamente da missão de Jesus e da plenitude do Espírito Santo, a fim de que toda a vida deles exale o bom odor de Cristo. A unção com este óleo perfumado e consagrado pelo bispo recorda o dom do Espírito Santo dado ao novo batizado. Este se tornou um cristão, isto é, "ungido" do Espírito Santo.

Círio Pascal e velas. O Círio é uma grande vela com a cruz no centro. Na parte superior está a letra A e, na inferior, a letra Z, indicando que Cristo é o princípio e o fim de todas as coisas. Ao redor da cruz, são colocados os algarismos do ano corrente, evidenciando que o tempo pertence a Cristo. A chama luminosa do Círio Pascal representa a luz da ressurreição de Cristo. Nesta chama acendem-se as velas dos padrinhos, indicando que a fé de cada batizado depende da ressurreição de Jesus Cristo.

Veste branca. É a vestimenta das criaturas novas. Estar de branco significa estar revestido de Cristo. O branco acusa qualquer mancha, por isso a veste remete à ideia de ser fiel a Cristo, sem as manchas do egoísmo, do comodismo, da falta de fé... Branco é a cor da divindade. A veste branca simboliza que o batizado "vestiu-se de Cristo", ressuscitou com Cristo.

Crisma

No início do cristianismo, os adultos eram batizados e recebiam imediatamente a Confirmação, a Crisma. Isso pretendia mostrar a unidade do mistério pascal: os que são mergulhados na água passam a ser filhos do Pai, porque participam da morte e ressurreição do Filho e com a Crisma são confirmados no Espírito Santo. Dessa forma, há uma ligação que revela como as três Pessoas Divinas envolvem aquele que se torna cristão.

Através do sacramento da Confirmação, aqueles que foram batizados recebem o Espírito Santo enviado pelo Senhor Jesus sobre os apóstolos, no dia de Pentecostes. O cristão está mais unido a Cristo para dar testemunho da paixão e ressurreição do Senhor. E poderá participar mais plenamente da Igreja, na oração, na esperança e na caridade.

À luz da Bíblia

Os apóstolos Pedro e João, enviados à Samaria, punham as mãos sobre os que tinham sido batizados, e estes recebiam o Espírito Santo (cf. At 8,12-17). Do mesmo modo, São Paulo, indo a Éfeso, batizou, em nome de Jesus Cristo, discípulos de João e a "eles impôs as mãos, para que o Espírito Santo baixasse sobre eles" (At 19,1-6).

Alguns versículos do livro do profeta Isaías ajudam a compreender o sentido e a missão de quem é ungido no Espírito Santo: "O Espírito do Senhor repousa sobre mim, porque o Senhor me ungiu. Ele mandou-me anunciar a Boa-Nova aos pobres, curar os corações feridos, anunciar aos cativos a anistia e a liberdade aos prisioneiros. Anunciar um ano de graça da parte do Senhor [...], a fim de consolar os aflitos e dar-lhes uma coroa, em vez de cinzas; o óleo da alegria, em vez de luto. Vós sereis chamados 'sacerdotes do Senhor' [...]. Eu lhes darei fielmente a recompensa e selarei com eles uma aliança eterna. Célebre será sua raça entre as nações, e entre os povos a sua descendência. Todos aqueles que os virem hão de reconhecer a linhagem bendita do Senhor" (Is 61,1-3a.6a.8b-9).

 Na fé da Igreja

A Crisma (a Confirmação) é feita com o óleo do crisma (óleo perfumado consagrado pelo bispo na Quinta-feira Santa). A Crisma é o sacramento da Confirmação, e o crisma é o óleo.

A Crisma é conferida seguindo o ritual

- O bispo impõe as mãos sobre os crismandos, revelando a fidelidade ao gesto antigo dos cristãos de transmissão do Espírito, como no tempo dos apóstolos.

- Em seguida, o bispo profere uma oração que invoca o Espírito e pede que ele derrame seus dons sobre os crismandos.

- Quando a pessoa aproxima-se do bispo, este unge-lhe a fronte com o óleo perfumado e diz: *Recebe, por este sinal, o Espírito Santo, o dom de Deus.* O crismado diz: *Amém.* Em seguida, o bispo repete as palavras de Jesus quando envia seu Espírito: *A paz esteja contigo.* O crismado responde: *E contigo também.*

Aprofundando o tema

A seguir será apresentada uma síntese sobre o sentido e a prática do sacramento da Crisma. Os números entre parênteses remetem aos respectivos cânones do *Código de Direito Canônico*:

- A celebração seja feita preferencialmente na Igreja: "É conveniente que o sacramento da Confirmação seja celebrado na Igreja e dentro da Missa; por causa justa e razoável, pode ser celebrado fora da Missa e em qualquer lugar digno" (cân. 881).

- Quem crisma é o bispo ou um padre por ele designado: "O ministro da Confirmação é o bispo; administra validamente este sacramento também o presbítero que tem essa faculdade em virtude do direito comum ou de concessão especial da autoridade competente" (cân. 882).

- Quem pode receber a Crisma? "É capaz de receber a Confirmação todo o batizado ainda não confirmado, e somente ele. Exceto em perigo de morte, para alguém receber a Confirmação, requer-se, caso tenha uso da razão, que esteja convenientemente preparado, disposto, e que possa renovar as promessas do Batismo" (cân. 889).

- Obrigação de receber e de se preparar para Crisma: "Os fiéis têm a obrigação de receber esse sacramento; os pais e, principalmente, os párocos, cuidem para que os fiéis sejam instruídos para o receberem e que se aproximem dele em tempo oportuno" (cân. 890).

- Sobre a idade: "O sacramento da Confirmação seja conferido aos fiéis, mais ou menos na idade da discrição, a não ser que a Conferência dos Bispos tenha determinado outra idade, ou haja perigo de morte" (cân. 891).

- Sobre os padrinhos: "Enquanto possível, assista ao confirmando um padrinho, a quem cabe cuidar que o confirmando se comporte como verdadeira testemunha de Cristo e cumpra com fidelidade as obrigações de crismado" (cân. 892).

Os dons do Espírito Santo

São sete: sabedoria, entendimento, conselho, fortaleza, ciência, piedade e temor de Deus. A explicação de cada um deles está no capítulo 4 (Deus Espírito Santo).

Testemunho de vida: *Dom Luciano Mendes de Almeida,* **um ungido para servir**

Dom Luciano nasceu em 5 de outubro de 1930 e, seguindo a tradição da família, estudou em escola católica. Foi ordenado padre jesuíta em Roma, aos vinte e oito anos. Na década de 1950, morou em Roma, onde fez o doutorado em filosofia. Em 1976, foi nomeado bispo pelo Papa Paulo VI. Durante doze anos, auxiliou em São Paulo. Na ocasião, organizou muitos abrigos para menores abandonados. Ele tinha o hábito de dormir no máximo quatro horas por noite e por isso era visto nas ruas da Capital, de madrugada, recolhendo as crianças de rua. Geralmente chegava tarde em casa, e muitas vezes avançava até altas horas no atendimento ao fiéis que lhe pediam conselhos, bênçãos ou ajuda material. Depois, ainda levava as pessoas para casa de carro. O que mais chamava a atenção era sua disponibilidade, sua preocupação em servir e ajudar. Jamais procurou popularidade, porque era muito simples, como se fosse apenas mais um no meio dos outros. Dom Luciano foi presidente da CNBB por dois mandatos. Seu amor a Deus o fez servidor e amigo dos pobres e defensor zeloso de suas causas. Sua vida de oração e seu testemunho ajudaram muitas pessoas a se aproximarem de Deus. Em 1988, foi designado arcebispo de Mariana, Minas Gerais, onde trabalhou com muito amor e foi muito amado até o dia 27 de agosto de 2006, quando faleceu aos setenta e cinco anos.

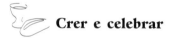 **Crer e celebrar**

Oração pelos Dons do Espírito Santo

Espírito Santo, concedei-me o dom da SABEDORIA, *a fim de que cada vez mais eu aprecie as coisas divinas e, abrasado pelo fogo do vosso amor, prefira com alegria as coisas do céu a tudo que é mundano, e me una para sempre a Cristo, sofrendo neste mundo por seu amor.*

Espírito Santo, concedei-me o dom do ENTENDIMENTO, *para que, iluminado pela luz celeste de vossa graça, eu bem entenda as sublimes verdades da salvação e da doutrina da santa religião.*

Espírito Santo, concedei-me o dom do CONSELHO, *tão necessário para a vida, para que eu escolha sempre aquilo que mais vos seja do agrado, siga em tudo vossa divina graça e saiba socorrer meu próximo com bons conselhos.*

Espírito Santo, concedei-me o dom da FORTALEZA, *para que eu fuja do pecado, pratique a virtude com santo fervor e afronte com paciência, e mesmo com alegria de espírito, o desprezo, o prejuízo, as perseguições e a própria morte, antes de renegar por palavras e obras a Cristo.*

Espírito Santo, concedei-me o dom da CIÊNCIA, *para que eu conheça cada vez mais minha própria miséria e fraqueza, a beleza da virtude e o valor inestimável da*

alma, e para que sempre veja claramente as ciladas do demônio, da carne, do mundo, a fim de as evitar.
Espírito Santo, concedei-me o dom da PIEDADE, *que me fará amar a Deus com íntimo amor como a meu Pai e a todos os seres humanos como a meus irmãos, em Jesus Cristo.*
Espírito Santo, concedei-me o dom do TEMOR DE DEUS, *para que eu me lembre sempre, com profundo respeito, de vossa divina presença e nada receie tanto como perder a vossa amizade.*
Vinde, Espírito Santo, ficai comigo e derramai sobre mim vossas divinas bênçãos.
Em nome de Jesus.
Amém.

 Orientações práticas

Distribuir os sete dons do Espírito Santo escritos num cartão para cada catequizando. Colocar sete velas que recordem as luzes do Espírito que vêm sobre nós. Cada pessoa coloca o cartão diante da vela e a acende. Todos os participantes do grupo podem dizer em forma de pedidos por que esse dom é importante para o mundo e as pessoas de hoje. No final, todos podem rezar a oração de invocação aos dons do Espírito Santo.

18

Eucaristia

Comungar do pão e do vinho, transformados em corpo e sangue do Senhor, significa participar da vida dele, de sua paixão, morte e ressurreição. Beber o cálice com vinho é acolher a cruz de cada dia e subir o Calvário da história para ressuscitar com Jesus.

Na Eucaristia fazemos memória do sacrifício pascal de Cristo, sua entrega por amor na cruz e sua ressurreição dos mortos. O pão e o vinho consagrados realizam no presente o convívio com o Senhor Jesus, que se consumará na vida eterna. Pela Eucaristia, a eternidade de Deus entra no tempo humano. O céu e a terra se encontram em nossas celebrações.

A Eucaristia é o banquete do Reino de Deus antecipado no tempo atual. A Igreja se nutre desse pão e desse vinho, alimenta-se do corpo e sangue do Senhor. Por ser uma festa tão grande, um verdadeiro banquete, devemos estar vestidos com trajes de festa, que não se refere às roupas, mas às condições pessoais para receber o próprio Jesus em nosso ser.

À luz da Bíblia

O termo "Eucaristia" significa "ação de graças" e provém de Lc 22,19 e 1Cor 11,24. Refere-se à "Ceia do Senhor" em 1Cor 11,20 e à "fração", enquanto partilha do pão, em At 2,42. O texto litúrgico da instituição da Eucaristia revela que Jesus dá seu corpo e derrama seu sangue da aliança para comunicar a vida plena. O evangelista Lucas menciona a instituição da Eucaristia: "E, tomando o pão, deu graças, o partiu e lhes deu, dizendo: Isto é o meu corpo oferecido por vós; fazei isto em memória de mim. Da mesma forma, depois de cear, tomou o cálice, dizendo: Este é o cálice da Nova Aliança no meu sangue derramado em favor de vós" (Lc 22,19-20). É a celebração na qual o cristão recebe o pão e o vinho, repetindo o que Cristo fez em sua Última Ceia, antes de ser entregue ao sacrifício da cruz. Na ocasião, partilhou com seus apóstolos pão e vinho, na época da celebração da Páscoa judaica, dizendo a eles: "Tomai todos e comei, isto é o meu corpo que será entregue. Tomai todos e bebei, isto é o meu sangue. Fazei isto em memória de mim" (cf. Mt 26,26-29; Mc 14,22-25; 1Cor 11,23-26).

 Na fé da Igreja

Jesus presidiu a Ceia da Páscoa. Iniciou declarando seu ardente desejo de estar com seus apóstolos naquela hora. O evangelho de Lucas nos informa que certamente Jesus já percebia que muitos pretendiam matá-lo; e a hora estava chegando. Ele sabia que seria a última refeição que faria com todo o grupo reunido. Jesus percebeu que seria assassinado e que sua morte traria um novo sentido ao mundo, pois sua carne seria verdadeiro alimento para a vida de seus seguidores.

Na Ceia que os judeus faziam, comemoravam a saída da escravidão do Egito e a passagem pelo mar Vermelho. Celebravam a liberdade conquistada graças à ação de Deus. Em sua vida, Jesus festejou todos os anos essa Ceia, com Maria, José, seus parentes e amigos. Nesse jantar comiam o cordeiro assado em brasas e temperado com ervas amargas (para recordar as dificuldades no Egito), bem como muito pão sem fermento (pães ázimos), muito vinho, além de um doce feito com maçãs e nozes e que recordava a massa dos tijolos que os judeus foram forçados a fabricar na escravidão do Egito. A festa pascal recordava, através dos símbolos do jantar, a dureza da vida antes da libertação e a alegria da liberdade alcançada.

De todos os alimentos da Ceia pascal, Jesus privilegiou o pão e o vinho. O pão era o alimento do cotidiano naquela cultura, como o é ainda hoje em muitos lugares. Em outras oportunidades Jesus já havia indicado o valor do pão, como no Pai-nosso. Ele nos ensina a pedir o pão de cada dia, conseguido pelo trabalho honesto, repartido em família e com os necessitados, e saboreado na paz. O simbolismo do pão é tão querido para Jesus que ele mesmo se identifica com o Pão da Vida: "Eu sou o pão vivo que desceu do céu" (Jo 6,51). Jesus afirma na Ceia que aquele pão é seu próprio corpo dado por todos. Não disse que "simboliza" seu corpo, mas afirmou que "é" seu corpo. Ele se identifica com esse alimento de muitos povos e que atravessa os tempos. Ele diz que é o pão que alimenta o ser humano no caminho para Deus. Quem come desse pão nunca mais terá fome. É o pão da eternidade.

Jesus valorizou também o vinho. Em Caná, ele tinha transformado água em vinho de excelente qualidade. Nas festas de Israel, o vinho não podia faltar, era sinal da alegria. Usar o cálice para dar o vinho simbolizava a gratidão do povo a Deus. Por isso o cálice com vinho é oferecido ao Pai em ação de graças. Essa ação de graças perfeita que Jesus faz ao Pai é Eucaristia (ação de graças); por isso toda Missa é uma ação de graças de Cristo ao Pai. Nela todos participam na qualidade de comunidade reunida no seguimento de Cristo. Jesus identifica seu sangue com aquele vinho. Ele também será derramado do alto da cruz para lavar os pecados e irrigar a vida humana com uma nova força capaz de restituir a amizade com Deus que o pecado feriu. O cálice é, portanto, gratidão e sofrimento. Jesus pede ao Pai, no Jardim das Oliveiras, que afaste dele o cálice do sofrimento. Mesmo sendo totalmente fiel ao Pai, Jesus não quer sofrer e morrer, mas a última decisão de Jesus está nas mãos do Pai: "Seja feita a tua vontade e não a minha" (Lc 22,42).

Aprofundando o tema

Na Ceia pascal, Jesus Cristo privilegiou o pão de trigo e o vinho de uva (matéria), afirmando (forma): "Tomai, todos, e comei: isto é o meu corpo que será entregue por vós. Tomai, todos, e bebei: este é o cálice do meu sangue, o sangue da nova e eterna aliança, que será derramado por vós e por todos para remissão dos pecados. Fazei isto em memória de mim" (Lc 22,19-20). Não disse que "simbolizam" seu corpo e sangue, disse que "são" seu corpo e sangue. A palavra Eucaristia quer dizer "ação de graças". Jesus Cristo rende graças ao Pai, e a Igreja participa desse ato de amor do Filho. Somente ele oferece o sacrifício agradável ao Pai, mas a pessoa humana, unida a ele e com ele, entra em profunda comunhão de louvor e gratidão. Na Eucaristia, o dom por excelência, faz-se memória do sacrifício pascal de Jesus Cristo, sua entrega por amor na cruz e sua ressurreição dos mortos.

Acontece, nesse sacramento, a chamada transubstanciação, ou seja, a mudança de substância. Pela força do Espírito Santo, nas palavras que o padre pronuncia na hora da consagração, o pão e o vinho deixam de ser simples matéria e passam a ser o corpo real de Jesus Cristo ressuscitado. A forma aparente permanece de pão e vinho. É o grande mistério da fé. Após a ascensão de nosso Senhor, a Eucaristia é o máximo sacramento da presença de Deus entre a humanidade. A união com Jesus Cristo na Eucaristia provoca a união com toda pessoa humana, à qual ele se entrega.

Muitos grãos de trigo se tornam pão e muitos cachos de uva fazem o vinho. Na unidade desses produtos da terra e com o trabalho das mãos humanas, produzem-se as espécies para a Eucaristia. Muitos formam um. Esse é o convite da Eucaristia: fazer a unidade. Embora sejamos muitos os amigos de Jesus e os que seguem seu caminho, não podemos viver isolados e afastados da Igreja.

Por que comungar só o pão?

Com o passar do tempo, o costume de comungar sob as duas espécies (pão e vinho) foi modificado, normalmente comungando-se somente o pão. Uma das razões para essa mudança deu-se por causa do grande número de pessoas participantes. Como havia muitos fiéis tomando parte na comunhão, certamente tornou-se difícil repartir o pão e distribuir o vinho. O pão foi transformado em hóstia, perdendo a consistência, a cor e o sabor de pão. É suficiente, contudo, receber somente uma espécie para comungar o corpo de Jesus Cristo, porque ele está todo no pão e todo no vinho.

 Testemunho de vida: *São Pio X,* **o Papa da Eucaristia**

O Papa Pio X, cujo nome era Giuseppe Melchiorre Sarto, nasceu no Norte da Itália, em 1835, e faleceu em Roma, no ano de 1914. É conhecido como o "Papa da Eucaristia". Ele introduziu grandes reformas na liturgia e facilitou a participação popular na Eucaristia. Permitiu a prática da comunhão frequente e fomentou o acesso das crianças à Eucaristia, quando da chegada à chamada idade da razão (por volta dos sete anos). Promoveu ainda o estudo do catecismo e o canto gregoriano. Publicou dezesseis encíclicas. Na lápide de seu túmulo, na Basílica de São Pedro, no Vaticano, lê-se: "Sua tiara era formada por três coroas: pobreza, humildade e bondade". Foi beatificado em 1951 e canonizado em 3 de setembro de 1954 por Pio XII. A Igreja celebra sua memória litúrgica no dia 21 de agosto. Seu lema era: "Renovar todas as coisas em Cristo".

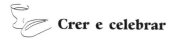 **Crer e celebrar**

Corpus Christi

Com esse nome designa-se a festa litúrgica que a Igreja Católica celebra na quinta-feira depois da festa da Santíssima Trindade, para solenizar de modo particular a Eucaristia, instituída pelo Senhor durante a última Ceia. Jesus ofereceu a seus discípulos o pão e o vinho como seu corpo e seu sangue, memoriais da nova e definitiva aliança. Depois do Concílio Vaticano II, chama-se "Solenidade do Santíssimo Corpo e Sangue de Cristo". Essa solenidade não tem data fixa, mas acontece dois meses depois da Páscoa, tendo como limite os dias 21 de maio e 24 de junho. Foi instituída em 1247 por iniciativa da Beata Juliana e posta em prática pelo Bispo Roberto de Thorete. No ano de 1264, o Papa Urbano IV estendeu a festa para toda a Igreja Católica.

Hino eucarístico
Tão sublime sacramento adoremos neste altar,
pois o Antigo Testamento deu ao Novo seu lugar.
Venha a fé por suplemento os sentidos completar.
Ao Eterno Pai cantemos e a Jesus, o Salvador.
Ao Espírito exaltemos, na Trindade, eterno amor.
Ao Deus Uno e Trino demos a alegria do louvor.

Aclamação ao Santíssimo Sacramento
Graças e louvores se deem a todo momento,
ao Santíssimo e Diviníssimo Sacramento.

 Orientações práticas

Usar os símbolos do pão, água e vinho.

O pão, o vinho e a água na celebração da Eucaristia

O pão é uma comida comum do ser humano para saciar a fome. É fruto da terra (dom de Deus) e do trabalho (tarefa humana). É símbolo da alegria, da convivência e da fraternidade.

CREIO E CELEBRO

A água, na Eucaristia, simboliza a humanidade de Cristo intimamente ligada à sua divindade (o vinho). É o símbolo universal da vida.

O vinho, embora não seja tão importante quanto à água, é uma bebida festiva que sacia a sede. Simboliza a alegria, a amizade, a inspiração e a aliança. O próprio Cristo apresentou-se como o "vinho novo". O vinho recorda também o sangue que, para os judeus, representa a vida. Cristo relacionou esse vinho da Ceia com seu sangue derramado na cruz.

A mistura de água no vinho

Era um costume judaico, porque o vinho era muito forte e por isso a água o diluía. Os cristãos seguiram o costume. A essa mistura acresceu-se um significado: a Cristo, que é o vinho, une-se inseparavelmente a humanidade, que é a água.

O pecado e o perdão

Partindo do ensinamento de que tudo o que a pessoa humana faz de mal ofende a Deus, a Igreja, classificando o pecado como mortal e venial, pede, em nome de Jesus Cristo, que se busque e se dê o perdão. Característica de todo o ministério de Nosso Senhor, o perdão é condição de uma oração justa e pura que envolve todo o ser da pessoa. A Igreja, em nome de Cristo, administra o sacramento da Penitência para obter o perdão dos pecados.

À luz da Bíblia

O mandato de Jesus Cristo à conversão é visível: "Convertam-se e acreditem na Boa-Nova" (Mc 1,15). Se a pessoa humana, pecadora, se arrepender, deverá ser perdoada (cf. Lc 17,3), porque há mais alegria no céu por um só pecador convertido do que por noventa e nove justos que não precisam de conversão (cf. Lc 15,7). Acolhendo os pecadores, nosso Senhor os reconcilia com o Pai (cf. Lc 5,32). "Aquele que diz não ter pecado faz de Deus um mentiroso" (1Jo 1,10). No dia da ressurreição, como para significar que a confissão é uma espécie de ressurreição espiritual do pecador, "Jesus apareceu no meio dos apóstolos [...] e, mostrando-lhes as mãos e seu lado [...], disse-lhes: 'A paz esteja convosco. Assim como meu Pai me enviou, eu vos envio a vós' [...]. Soprando sobre eles [disse]: 'Recebei o Espírito Santo [...]. Àqueles a quem perdoardes os pecados, ser-lhes-ão perdoados, e àqueles a quem os retiverdes, ser-lhes-ão retidos'" (Jo 20,21-23). "Confessai os vossos pecados uns aos outros, diz ele, e orai uns pelos outros, a fim de que sejais salvos" (Tg 5,16). Isto é, confessai vossos pecados àqueles que receberam o poder de perdoá-los.

Na fé da Igreja

Existe pecado? Essa é uma pergunta frequente em nosso tempo. Várias pessoas pensam que nada mais é pecado e que cada um decide sua própria vida sem precisar da Igreja ou de alguém que o corrija. Vive-se um clima de profundo individualismo, onde "cada um faz a sua lei".

Através de Jesus Cristo, a pessoa humana aprendeu que tudo o que fizer de mal para os outros ofende a Deus, porque todo desamor praticado aqui contraria o mandamento maior que Nosso Senhor nos deixou: "Amai-vos uns aos outros como eu vos amei!" (Jo 15,12). Por vontade do Criador, tudo que causa sofrimento, dor, injustiça e provoca o erro e a mentira afeta o próprio Deus. Foi o ódio presente no coração humano que pregou Jesus Cristo na cruz. Rejeitaram suas propostas de rezar pelos inimigos, de perdoar quem ofende e de amar sem cansar.

Nem todos os erros são pecados, porque, para haver pecado, é preciso saber que se está errando, querer pecar e livremente praticar o pecado. A Igreja classifica-o como *mortal* e *venial*. O pecado *mortal* é uma ruptura com Deus, e tem como objeto uma matéria grave (ex: desobedecer conscientemente um dos Dez Mandamentos); mediante esse pecado, ofende-se a Deus tão gravemente a ponto de fazer morrer em nós seu amor. O pecado *venial* é um pecado menos grave; não é uma ruptura radical com Deus, nem quebra a aliança com ele, mas é um encaminhar-se para isso.

Quando se reza a oração do Pai-nosso, deve-se ter consciência do que significa afirmar: "Perdoai-nos as nossas ofensas, assim como nós perdoamos a quem nos tem ofendido". Da mesma forma que se pede perdão a Deus dos pecados, faz-se necessário perdoar, do íntimo do coração, cada irmão e irmã (cf. Mt 6,14-15). O pedido ("perdoai-nos as nossas ofensas") não será atendido, a não ser que o ser humano faça sua parte ("assim como nós perdoamos a quem nos tem ofendido"). Deus sempre perdoa, quando a pessoa se arrepende e pede perdão. Mas ele faz a exigência de que as pessoas busquem a reconciliação entre si (cf. Mt 5,23-24). Tanto na oração individual como na oração comunitária, o pedido de perdão é condição de uma oração justa e pura, porque não se pode amar o Deus invisível, se não se amam os irmãos e irmãs que se veem (cf. 1Jo 4,20).

Aprofundando o tema

O perdão é um dom fundamental que provém da iniciativa divina e da resposta da pessoa humana. É, de modo especial, na família, Igreja doméstica, que se aprende o perdão generoso (cf. *Catecismo da Igreja Católica*, 1657), porque, sejam os pais ensinando, sejam os filhos contribuindo, todos devem dar generosamente, e sem se cansar, o perdão mútuo exigido pelas ofensas, rixas, injustiças e abandonos (cf. *Catecismo da Igreja Católica*, 2227), seguindo a quinta *obra de misericórdia espiritual*: perdoar as injúrias.

Muitas pessoas não amam a si mesmas. Não se perdoam, não gostam de si, maltratam seu corpo e descuidam de sua espiritualidade. Há quem morra jovem por descuido, por falta de autoestima, amor e perdão. Novamente, precisa-se buscar em Jesus Cristo a força para amar o ser totalmente, o corpo, o jeito de ser, os limites e os valores, buscando o perdão dos pecados, conforme o segundo *preceito* da Igreja: confessar os pecados ao menos uma vez cada ano.

O anúncio do perdão é característica de todo o ministério de Jesus Cristo, porque ele veio para os pecadores. A Igreja foi, então, enviada para pregar e ministrar o Batismo, que perdoa os pecados, a todas as nações, fazendo novos discípulos e missionários de Cristo. É preciso recuperar, além do sacramento da Penitência, o perdão nas relações cotidianas, na oração do Pai-nosso e no ato de contrição.

 Testemunho de vida: *Padre Pio,* **o santo da compaixão**

Francesco Forgione (Padre Pio) nasceu em 1887, na cidade italiana de Pietrelcina. Tornou-se capuchinho e dedicou grande parte da sua vida atendendo confissões. Tinha muita preocupação com os doentes, de tal forma que construiu um grande hospital que ainda hoje é referência na Itália. Ele meditou muito a paixão de Jesus Cristo e cultivou intensamente a compaixão diante dos sofrimentos humanos: "Em minha vida, tudo se resume nisto: sou devedor de amor a Deus e de amor ao próximo". Para Frei Pio, a humildade é sinônimo de verdade, é a capacidade de perceber e viver a justa medida de si mesmo diante de Deus, dos outros e do mundo, livrando a pessoa humana do complexo de superioridade e de inferioridade. Entre outros fenômenos estavam os estigmas: viveu cinquenta anos com as chagas nas mãos, nos pés e no lado, porém nunca se utilizou desse fato para conquistar popularidade. Frei Pio viveu sua experiência de oração em total envolvimento com Deus. Aos que o procuravam, dizia: "Não te atormentes com coisas que geram preocupações, angústias e desgostos. Uma só coisa é necessária: eleva o espírito e ama a Deus". Foi canonizado em 2002, pelo Papa João Paulo II.

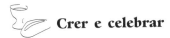 **Crer e celebrar**

O grupo pode fazer uma celebração penitencial, usando água para simbolizar a purificação e rezar o Salmo 50, conforme segue: C= catequista; L = leitor; T= todos.

C - *Aspergi-me, Senhor, purificai-me, lavai-me todo inteiro.*
L - *Aspergi-me, Senhor, purificai-me, lavai-me todo inteiro.*
T - *Derramarei sobre vós uma água pura.*

C - *Criai em mim um coração que seja puro,*
L - *dai-me de novo um espírito decidido.*
T - *Derramarei sobre vós uma água pura.*

C - *Ó Senhor, não me afasteis de vossa face,*
L - *nem retireis de mim o vosso Santo Espírito.*
T - *Derramarei sobre vós uma água pura.*

C - *Dai-me de novo a alegria de ser salvo*
L - *e confirmai-me com espírito generoso!*
T - *Derramarei sobre vós uma água pura.*

C - *Ensinarei vosso caminho aos pecadores,*
L - *e para vós se voltarão os transviados.*
T - *Derramarei sobre vós uma água pura.*

C - *Pois não são de vosso agrado os sacrifícios,*
L - *e, se oferto um holocausto, o rejeitais.*

T - *Derramarei sobre vós uma água pura.*
C - *Meu sacrifício é minha alma penitente,*
L - *não desprezeis um coração arrependido!*
T - *Derramarei sobre vós uma água pura.*

T - *Glória ao Pai, ao Filho e ao Espírito Santo,
como era no princípio, agora e sempre. Amém.*

Oração de agradecimento pelo perdão

*Pai de misericórdia e Deus de toda consolação,
que não desejas a morte, mas a conversão dos pecadores,
socorre o teu povo, para que volte para ti e viva.
Concede-nos a graça de escutar sempre a tua voz,
de nos deixarmos guiar pelo teu Santo Espírito no caminho da vida
e, agradecidos pelo teu perdão,
possamos progredir em tudo e sempre em adesão a Cristo,
teu Filho, que nos chamou a segui-lo na via dos conselhos do Evangelho.
Ele, que é Deus, e vive e reina contigo,
na unidade do Espírito Santo.
Amém.*

 Orientações práticas

Fazer um levantamento sobre as dificuldades que as pessoas têm para buscar o sacramento da Reconciliação. Quais as dúvidas e as preocupações?

Penitência

Pelo sacramento da Penitência, a pessoa humana experimenta a reconciliação consigo mesma, com a Igreja e com Deus, porque Jesus Cristo deu à Igreja o poder de perdoar pecados. Com a confissão dos pecados junto ao sacerdote, após sincero arrependimento e desejo de conversão, acolhendo os conselhos e penitência, recebe-se o dom do perdão.

 À luz da Bíblia

Quem comete o pecado é escravo do pecado (cf. Jo 8,34); por isso, João Batista pregou um batismo de conversão para o perdão dos pecados (cf. Mc 1,4). Jesus Cristo soprou sobre os discípulos o Espírito Santo e declarou que os pecados que eles perdoassem lhes seriam perdoados, mas os pecados que não perdoassem não lhes seriam perdoados (cf. Jo 20,22-23), porque em seu nome serão anunciados a conversão e o perdão dos pecados a todas as nações (cf. Lc 24,47). O perdão se dá, não até sete vezes, mas até setenta vezes sete (cf. Mt 18,22). Cristo quer misericórdia e não sacrifício, uma vez que não veio para chamar justos, mas sim pecadores (cf. Mt 9,13).

 Na fé da Igreja

Jesus Cristo instituiu dois sacramentos de cura: *Penitência* e *Unção dos Enfermos*, pois quis que a Igreja continuasse sua obra de cura e salvação, desempenhando papel profético na força do Espírito Santo.

São diversos os nomes desse primeiro sacramento (Penitência, Conversão, Reconciliação, Perdão e Confissão), mas o essencial é que nele a pessoa humana experimenta o dom do perdão que reconcilia com o Pai, com a Igreja e consigo mesma.

O sacramento da Penitência reaproxima a pessoa de Deus, dando-lhe novas chances de viver de acordo com a vontade de Jesus Cristo, porque ele, além de acolher com misericórdia e ternura, abraça em sinal de perdão e liberta do pecado.

A Igreja, sacramento de Reconciliação, deve promover a plena reconciliação da pessoa humana, e é pela vontade de Jesus Cristo que ela possui o poder de perdoar os pecados dos batizados, exercendo esse ministério através dos bispos e presbíteros. Para receber esse sacramento, é preciso, em primeiro lugar, reconhecendo-se pecador, arrepender-se dos pecados cometidos e mudar de posição, dispondo-se a reparar o mal.

Por meio do exame de consciência procura-se não simplesmente apresentar um elenco dos pecados, mas também responder à pergunta: o que aconteceu, desde a última confissão, na minha vida, que não gostaria de ter feito, que me afasta de Deus e dos outros? Não é apenas mencionar faltas e erros, mas ir às raízes do que não se gostaria que tivesse acontecido, colocando-se diante de Jesus Cristo e pedindo para ser curado.

Após a saudação ao sacerdote, diz-se o tempo que passou desde a última confissão, e, após, faz-se a acusação dos pecados, a fim de colocar o coração humano no coração de Jesus Cristo, para que ele o transforme. Depois de ouvir as palavras do sacerdote (conselhos e penitência), reza-se o *ato de contrição*, que pode ser uma prece espontânea, reconhecendo-se pecador e suplicando o perdão e a força para não pecar mais. Trata-se de uma atitude que envolve todo o ser. Em seguida, o sacerdote pronuncia a fórmula da absolvição, cujas palavras essenciais são as seguintes: "Eu te absolvo dos teus pecados, em nome do Pai, e do Filho, e do Espírito Santo". Cumpre-se, então, a penitência dada pelo padre, no sentido de restaurar o que foi rompido.

Aprofundando o tema

A Igreja pede que seus filhos se confessem sempre que tiverem pecado grave, e não se passe um ano sem o católico se confessar. Tempo especial para o sacramento da Penitência é o Advento, preparando o Natal, e a Quaresma, preparando a Páscoa.

As celebrações comunitárias da Penitência (confissões comunitárias) ajudam a receber o sacramento, quando há muitos penitentes e poucos padres para atender, mas as pessoas devem procurar, sempre que possível, o atendimento individual.

 Testemunho de vida: *São João Vianney*, **o confessor de Ars**

João Maria Batista Vianney (1786-1859) nasceu em Dardilly, França, no dia 8 de maio de 1786, filho de um criador de ovelhas. João foi ordenado por causa de sua bondade, porque normalmente não poderia ser ordenado devido a suas dificuldades nos estudos, especialmente no latim, língua exigida para rezar a Missa na época. Como em 1813 ele tornou-se pároco (cura) de Ars (França), passou a ser chamado de "Cura d'Ars". Ele se dedicava muito ao confessionário. Até o final de sua vida ele ficou de dezessete a dezoito horas por dia administrando o sacramento da Penitência para milhares que iam a Ars. Ele ajudou a fundar uma casa para crianças órfãs e abandonadas. Por trinta anos ele sofreu vários ataques, alguns de seus colegas padres que o acusaram de ser muito ignorante para ser o cura d'Ars. Mais tarde, reconhecido como o melhor "cura d'Ars", ele recusou todas as honras e promoções que lhe foram oferecidas e morreu em Ars, em 1859. Foi canonizado em 1925 e indicado pelo Papa como padroeiro dos padres paroquiais. Sua festa é celebrada no dia 4 de agosto.

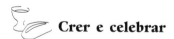 **Crer e celebrar**

Ato de contrição
Meu Deus,
eu me arrependo de todo o coração de vos ter ofendido.
Prometo, com a vossa graça, esforçar-me para não mais pecar.
Meu Jesus, misericórdia.
Amém.

ou

Meu Jesus,
meu bom Jesus,

que por mim morreste na cruz,
perdoa os meus pecados.
Já não quero mais pecar.
Amém.

 Orientações práticas

Como fazer o exame de consciência?

Valendo-se da Palavra de Deus que revela que a graça é muito maior que o pecado, o penitente coloca-se diante de Deus e reflete: "Amarás o Senhor teu Deus com todo o teu coração, com toda a tua alma e com todas as tuas forças" (Mc 12,30):

- Deus tem recebido o lugar que lhe é devido em minha vida?
- Como está meu relacionamento com Deus?
- Tenho procurado alimentar minha amizade com Deus, através da participação nos sacramentos?
- Tenho sido fiel a meu compromisso de participar das Missas ao domingo, ou tenho faltado às Missas por motivo de preguiça?
- Frequentei seitas ou lugares onde se praticam cultos que não agradam a Deus (espiritismo, ocultismo, horóscopo...)?
- Blasfemei ou usei o nome de Deus em vão?
- O Senhor disse: "Amai-vos uns aos outros como eu vos tenho amado" (Jo 13,34). Tenho sido, nos lugares por onde passo, sinal do amor de Deus, ou escandalizo e firo as pessoas com palavras e atitudes?
- Como tem sido meu comportamento em casa? Sou de paz ou sou de guerra? Proferi mentiras, calúnias e fofocas? Matei com a língua?
- Ajudei ou induzi alguém ao aborto?
- Como está meu casamento, noivado ou namoro? Traí minha família?
- Levei outras pessoas a pecar?
- Roubei ou prejudiquei alguém?
- Respeitei a natureza, cuidei da obra criada por Deus?

Unção dos Enfermos

Como sinal de confiança em Jesus Cristo, o sacramento da Unção dos Enfermos não é sinal de morte. Ele proporciona a união a Deus, a coragem no sofrimento, o perdão, a saúde (se for conveniente para a salvação espiritual) e a preparação para a vida eterna.

À luz da Bíblia

No Evangelho encontramos relatos de pessoas que levaram a Jesus todos os doentes e os que estavam possuídos pelo demônio (cf. Mt 14,35; Mc 1,32; 6,55). É necessário que se cuide dos doentes (cf. Lc 10,9; Mt 25,36), chamando, também, os presbíteros da Igreja para que rezem por eles, ungindo-os com óleo em nome do Senhor (cf. Tg 5,14).

✝ Na fé da Igreja

Quanto ao sacramento da Unção dos Enfermos, não podemos designá-lo como sinal de morte próxima, mas sim um sacramento que a pessoa pode receber mais de uma vez, quando passa por doenças graves que necessitam de cuidados, antes de operações cirúrgicas ou às pessoas de idade, cujas forças se encontrem sensivelmente debilitadas. O sacramento da Unção dos Enfermos foi instituído por Jesus Cristo, ainda que quem o promulgou tenha sido o apóstolo São Tiago, que mostra a Tradição da Igreja quando diz: "Alguém de vós está doente? Mande chamar os presbíteros da Igreja para que rezem por ele, ungindo-o com óleo, em nome do Senhor. A oração feita com fé salvará o doente: o Senhor o levantará e, se ele tiver pecados, será perdoado" (Tg 5,14-15). A graça especial desse sacramento produz, como efeitos, pela graça do Espírito Santo, a união do enfermo à paixão de Jesus Cristo, para o bem próprio e de toda a Igreja; o consolo, a paz e o ânimo para suportar os sofrimentos da enfermidade ou da velhice; o perdão dos pecados; o restabelecimento da saúde corporal, se isto for conveniente à saúde espiritual; e a preparação para a passagem à vida eterna. O essencial desse sacramento é, além da imposição das mãos, a unção com o santo óleo dos enfermos (*matéria*), na fronte e nas mãos, e a seguinte fórmula (*forma*) que o sacerdote pronuncia, enquanto unge o enfermo: "Por esta santa unção e pela sua infinita misericórdia, o Senhor venha em teu auxílio com a graça do Espírito Santo, para que, liberto dos teus pecados, ele te salve e, na sua bondade, alivie os teus sofrimentos".

Aprofundando o tema

A partir do século IX, os rituais passaram a vincular cada vez mais o sacramento da Unção dos Enfermos à Reconciliação penitencial recebida na hora da morte. Séculos depois, esse sacramento apareceu com o nome de *Extrema Unção dos Enfermos*, porque era a última unção dada aos cristãos, no fim da vida, já moribundos. Mesmo que esse nome tenha sido trocado por *Unção dos Enfermos*, pois muitos vinham a caracterizá-lo como "sacramento de morte", resquícios dele são, infelizmente, motivos para que muitos tenham receio de chamar o padre, para não assustar o doente, esperando que ele perca a consciência para fazê-lo.

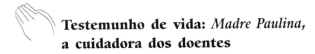

Testemunho de vida: *Madre Paulina,* a cuidadora dos doentes

Amabile Lucia Visitainer nasceu em 1865, na Itália. Em 1875, mudou-se com os pais e os irmãos para Vígolo, em Santa Catarina. Aos vinte e dois anos, ela perdeu a mãe e se tornou responsável pela casa. Em 1890, uma mulher da região adoeceu gravemente e seus parentes não queriam cuidá-la. Amabile, junto com sua amiga Virgínia, levou a doente para um casebre próximo à Igreja. Ali surgia a Congregação das Irmãzinhas da Imaculada Conceição. Com ajuda de amigas, ela começou a cuidar de enfermos. Em 1894, o padre Guiseppe Montero recomendou que ela se mudasse para Nova Trento a fim de poder aumentar sua ação. No ano seguinte, o bispo de Curitiba abençoou a Congregação. Amabile passou a ser Irmã Paulina do Coração Agonizante de Jesus e foi escolhida superiora-geral. O padre de Nova Trento foi transferido para São Paulo e levou as Irmãzinhas para ajudar negros ex-escravos. Madre Paulina e as irmãs, então, aprenderam o português e passaram a dirigir hospitais e asilos. Durante muitos anos, ela trabalhou na Santa Casa de Bragança Paulista. Em 1918, ela foi chamada de volta a São Paulo. Estava sendo escrita a história da Congregação e ela serviria como "fonte histórica", e passou a ser venerada como a fundadora da organização. Até o final de sua vida, morou na sede da Congregação, na capital de São Paulo. Irmã Paulina sofria de diabetes. Em 1938, teve que amputar o dedo médio da mão direita e, posteriormente, todo o braço, por causa de uma gangrena. Com relação a esses males, Madre Paulina comentava: "Jesus me pediu primeiro o dedo. Depois o braço. Mas eu sou toda dele. Por que negar?". Estava cega, quando morreu, em junho de 1942, aos setenta e seis anos. No dia 19 de maio de 2002, Madre Paulina foi canonizada pelo Papa João Paulo II.

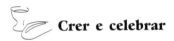 **Crer e celebrar**

Oração
Ó Madre Paulina,
tu que puseste toda a tua confiança no Pai e em Jesus Cristo e que,
inspirada por Maria, te decidiste ajudar o teu povo sofrido,
nós te confiamos a Igreja que tanto amas,
nossas vidas, nossas famílias, os religiosos e todo o povo de Deus.
Madre Paulina, intercede por nós junto ao Pai,
a fim de que tenhamos a coragem de lutar sempre
na conquista de um mundo mais humano, justo e fraterno.
Amém.

 Orientações práticas

Visitar casas de repouso para idosos, clínicas ou um doente. Tais visitas sempre trazem muito benefício aos catequizandos. É preciso, contudo, preparar o grupo. Explicar a situação das pessoas, ajudar para que não sejam indiscretos nem apáticos. Levar frutas ou flores, a fim de expressar carinho.

22

Matrimônio

O sacramento do Matrimônio se baseia no juramento solene que um homem e uma mulher fazem diante de Deus, pelo qual selam uma aliança de amor fiel para toda a vida, tendo os filhos que Deus lhes quiser dar. Esse ato é indissolúvel, ou seja, não se pode desatar nunca.

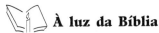 **À luz da Bíblia**

Deus criou o ser humano, homem e mulher, e colocou em seu coração o desejo da união, da complementação e da caminhada comum. Desse modo, Deus instituiu o casamento natural: "Por isso o homem deixa seu pai e sua mãe para se unir à sua mulher; e já não são mais que uma só carne" (Gn 2,24); quando Jesus veio ao mundo, elevou esse casamento natural à dignidade de sacramento, ou seja, deu a essa união um valor sagrado. Por isso, o apóstolo Paulo compara o casamento à união de Jesus Cristo com sua Igreja, a esposa de Cristo. Assim como Jesus ama a Igreja e morre por ela, os esposos amam-se e vivem um pelo outro (cf. Ef 5,22).

Que todos respeitem o Matrimônio (cf. Hb 13,4) e que não se cometa adultério (cf. Mt 5,27), porque o homem e a mulher casados já não são dois, mas uma só carne. O que Deus uniu o homem não deve separar (cf. Mt 19,6). Todo homem que se divorcia de sua mulher e se casa com outra comete adultério (cf. Lc 16,18; Mc 10,11; Mt 19,9) e faz com que ela se torne adúltera (cf. Mt 5,32).

 Na fé da Igreja

Por vontade de Jesus Cristo há, na Igreja, dois estados de vida que são santificados: o estado matrimonial (casamento), pelo sacramento do Matrimônio, e o estado dos ministros ordenados (bispos, padres e diáconos), pelo sacramento da Ordem. Confiando uma missão particular na Igreja, esses dois sacramentos destinam-se ao serviço aos outros.

Os ministros do sacramento do Matrimônio são os próprios noivos. O padre é a testemunha principal, que assiste a esse juramento solene que os noivos fazem diante de Deus; é um contrato que os dois assinam, pelo qual eles selam a união para toda a vida, com a finalidade de ter os filhos que Deus quiser lhes dar.

A matéria do sacramento é a aceitação do contrato. A forma do sacramento é o juramento e as palavras que eles dizem para significar que aceitam o contrato, o "eu te recebo".

As propriedades do Matrimônio

O matrimônio, tanto na condição de instituição natural como na de sacramento cristão, está revestido de duas propriedades essenciais: a *unidade* e a *indissolubilidade.*

- *Unidade* quer dizer que o Matrimônio é a união de um só homem com uma única mulher.

- *Indissolubilidade* quer dizer que o vínculo conjugal não pode desatar-se nunca: "O que Deus uniu o homem não o separe" (Mt 19,6; cf. Mt 5,32; Lc 16,18). O divórcio, pois, está proibido. Deus assim o quis por várias razões: pelo bem dos filhos; a felicidade e a segurança dos esposos; pelo bem de toda a sociedade humana, pois a humanidade se compõe de famílias, e quanto mais sólidas e estáveis forem, maior será a felicidade de todos e de cada um.

Para haver Matrimônio cristão é preciso:

- *Liberdade:* ninguém pode casar obrigado, sem livre decisão.

- *Disposição à procriação:* é preciso acolher com amor os filhos que Deus enviar.

- *Compromisso de fidelidade:* o casal promete ser fiel nos momentos bons e nos difíceis, respeitando-se mutuamente.

- *Aceitação da indissolubilidade:* o casamento na Igreja tem o vínculo sagrado que não pode ser desfeito com o divórcio.

- *Fé católica:* a fé da Igreja estabelece as normas e as condições para o sacramento do Matrimônio.

Aprofundando o tema

A nulidade matrimonial

A Igreja admite a separação física dos esposos quando, por motivos graves, sua coabitação se tornou praticamente impossível. Mas eles, enquanto viver o cônjuge, não estão livres para contrair uma nova união, a menos que o Matrimônio seja anulado, ou seja, que ocorra um processo na Igreja que declare a não existência do casamento, mesmo que a cerimônia litúrgica tenha acontecido.

Testemunho de vida: *Luigi e Maria Beltrame Quattrocchi,* um casal santo

Luigi e Maria são o primeiro casal beatificado pelo Papa João Paulo II. Eles testemunham, através de uma vida familiar simples e intensa, que a santidade se constrói no cotidiano. Eles são apresentados a toda a Igreja como modelo de santidade no Matrimônio. Os dois nasceram no fim do século XIX e suas vidas estenderam-se por toda a primeira metade do século seguinte. Casaram-se em 1905, em Roma, onde fizeram os estudos universitários: Luigi cursou direito, e Maria, contabilidade. Luigi fez uma carreira brilhante e chegou a ser vice-advogado-geral do Estado italiano, além de consultor legal de grandes empresas e bancos. Maria, junto com os estudos comerciais, recebeu uma formação humanista sólida e diversificada, que a ajudou a desenvolver uma notável personalidade de escritora: publicou doze obras sobre família, formação espiritual dos filhos e espiritualidade, nas quais atingiu um nível de autêntica experiência contemplativa. Tiveram quatro filhos: o mais velho tornou-se sacerdote, a segunda entrou num mosteiro beneditino, o terceiro fez-se monge trapista. A quarta filha nasceu como fruto da decisão heróica do casal, que recusou a proposta de aborto do ginecologista para salvar a mãe. A quarta filha ficou em casa e acompanhou os pais, sobretudo a mãe, até o último instante. Luigi e Maria participavam juntos da Missa diária; em casa havia momentos de oração comum (de manhã, antes das refeições, à noite) com o terço e a leitura da Palavra de Deus. A santidade, através do testemunho desse casal, tornou-se mais próxima de todos. Luigi faleceu em 1951 e Maria em 1965.

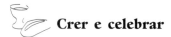 **Crer e celebrar**

Oração dos noivos

Senhor Jesus,
queremos, seguindo na fé, viver juntos por toda esta vida.
Não sabemos, Senhor, como nos encontramos
e nem por que ao amor nos entregamos,
pois andamos em caminhos diferentes.
Agora, caminharemos juntos.
Prepara-nos, Senhor, para essa entrega de amor,
para uma vida voltada para a família.
Ajuda-nos a vencer o orgulho e o egoísmo
e a sermos fiéis aos compromissos que faremos juntos diante do altar.
Ilumina-nos, para que os tropeços não nos separem.
Que sejamos um só coração e uma só alma
e conduze-nos pelos caminhos da felicidade eterna em vós.
Amém.

 Orientações práticas

Para o Matrimônio

- Escolher sempre um local sagrado: não clubes, restaurantes, parques etc. É um *sacramento*, e não mero evento social.
- Evitar exageros na decoração e não fazer gastos desnecessários, comuns numa sociedade consumista. Despesas exageradas nesse ato são estranhas à mentalidade de quem segue Jesus Cristo.
- Cuidar da música: prefiram-se sacras ou clássicas; trata-se de uma cerimônia religiosa e não da trilha sonora de um evento.
- Preparar-se espiritualmente: recomendam-se confissão anterior ao casamento e comunhão no dia da celebração.

Ordem sacerdotal

O sacramento da Ordem confere a missão dada por Jesus Cristo aos apóstolos, para que continue a ser exercida na Igreja. Os bispos recebem o poder de ensinar, governar e santificar a Igreja. Os padres são unidos ao bispo pela dignidade sacerdotal e os diáconos para o serviço da Igreja, especialmente a caridade.

À luz da Bíblia

Dentre os discípulos, Jesus escolheu alguns para serem apóstolos. Ele chamou-os: "Não fostes vós que me escolhestes, mas fui eu que vos escolhi" (Jo 15,16). Aos apóstolos, Cristo confia quatro atribuições do sacerdócio:

- *Oferecer o santo sacrifício:* "Fazei isto em memória de mim" (Lc 22,19). É a ordem de reproduzir o que ele tinha feito: mudar o pão em seu corpo e o vinho em seu sangue divino.
- *Perdoar os pecados:* "Os pecados serão perdoados aos que vós os perdoardes" (Jo 20,23).
- *Pregar o Evangelho:* "Ide ao mundo inteiro, pregando o Evangelho a todas as criaturas" (Mc 16,15).
- *Governar a Igreja:* "O Espírito Santo constituiu os bispos para governarem a Igreja de Deus" (At 20,28).

Existem dons, serviços e modos diferentes de agir, mas Deus é o mesmo (cf. 1Cor 12,4-6). Os que receberam o sacramento da Ordem não descuidem o dom da graça que foi dado, através da profecia e da imposição das mãos do grupo dos presbíteros (cf. 1Tm 4,14), reavivando, portanto, o dom de Deus (cf. 2Tm 1,6).

Na fé da Igreja

O sacramento da Ordem possui três graus: (1) *diaconato*, para os diáconos; (2) *presbiterato*, para os padres; e (3) *episcopado*, para os bispos. Os apóstolos receberam de Jesus Cristo a plenitude do sacerdócio, ou seja, o poder de ensinar, de governar e de santificar a Igreja. É esse o poder pleno que recebem os bispos, legítimos sucessores dos apóstolos e encarregados de agir em nome e vez de Cristo, num território denominado "diocese". Para auxiliá-los nessa missão divina, os bispos conferem o sacramento da Ordem aos padres, colaboradores do bispo, e aos diáconos que, mesmo não sendo sacerdotes prestam um serviço específico ao bispo e à comunidade. A missão do padre é oferecer a Deus o sacrifício da Missa, administrar os sacramentos da Igreja, abençoar e transmitir a doutrina católica, animando a pessoa humana para ser fiel no seguimento de Jesus Cristo. A função do diácono é ajudar e servir ao bispo, especialmente exercendo a caridade.

O sacramento da Ordem é realizado durante a celebração eucarística, pelos bispos, sendo o núcleo sacramental da ordenação a imposição das mãos (*matéria*) e a prece de ordenação (*forma*), feita sempre pelo bispo que preside. Para a ordenação de um diácono, somente o bispo impõe as mãos sobre a pessoa, antes da prece de ordenação. Para a ordenação de um padre, o bispo e os padres ali presentes impõem as mãos, antes da prece de ordenação. Para a ordenação de um bispo, no mínimo três bispos impõem as mãos, antes da prece de ordenação.

O serviço próprio dos ministros ordenados, já que os poderes que lhes são conferidos não são passageiros, mas permanentes, é o de serem pastores da Igreja com a palavra e com a graça de Deus.

 Aprofundando o tema

Sacerdócio comum dos fiéis e sacerdócio ministerial

A participação específica é o *sacerdócio ministerial*, que capacita para atuar na Pessoa de Cristo, Cabeça da Igreja: os bispos e os presbíteros. Mas a Igreja, fundada por Cristo, é formada por um povo sacerdotal, de modo que, pelo Batismo, todos os fiéis participam do sacerdócio de Cristo. Essa segunda participação chama-se *sacerdócio comum dos fiéis*. O sacerdócio ministerial difere essencialmente, não só em grau, do sacerdócio comum dos fiéis, porque confere um poder sagrado para o serviço aos irmãos. Os que receberam o sacramento da Ordem são *ministros de Cristo*, instrumentos através dos quais ele se serve para continuar sua obra de salvação. Essa obra é levada adiante por meio do ensino, do culto e da pastoral.

O sacerdócio é para sempre

Os poderes que são dados ao sacerdote não são passageiros, mas permanentes. As pessoas que recebem esse sacramento são sacerdotes para sempre. O caráter distingue o ordenado dos demais fiéis: participa do sacerdócio de Cristo de um modo essencialmente distinto. Junto com o *caráter*, recebe outras graças na consagração sacerdotal para assemelhar-se com Cristo.

Missão dos sacerdotes

- *Pregar a Palavra de Deus.* Na homilia da Missa, na catequese e em outras ocasiões: retiros, aulas de formação etc.

- *Administrar os sacramentos e especialmente celebrar a Missa.* Desde que o cristão nasce até sua morte, o sacerdote está presente com os sacramentos. Mas o ministério principal dos sacerdotes é a celebração da Missa.

- *Conduzir o povo cristão para a santidade.* Com a oração e a mortificação, o sacerdote ajuda as pessoas em suas necessidades, acompanhando-as nas horas difíceis e com orientação espiritual.

- *Rezar a oração da Igreja: a Liturgia das Horas.* A Igreja pede que os sacerdotes rezem diariamente o Ofício Divino, os Salmos. É um clamor que sobe continuamente da terra ao céu, para que, durante todo o dia, a Igreja esteja rezando através de seus ministros.

Testemunho de vida: *Santo Alberto Hurtado, o padre dos pobres*

Santo Alberto Hurtado nasceu no Chile, em 22 de janeiro de 1901. Desde criança, com grande generosidade, ocupava seu tempo livre visitando e ajudando os mais necessitados. Foi ordenado sacerdote jesuíta em 1933, na

Bélgica, mas regressou ao Chile, onde foi um grande educador da juventude. Vendo pessoas miseráveis e crianças abandonadas, fundou uma obra chamada "Lar de Cristo", para onde levava os pobres e as crianças que recolhia para tomar leite quente e dormir numa cama. Em cada necessitado, enxergava Cristo sofrendo. O sofrimento, nos momentos de solidão, quando teve de enfrentar críticas injustas, e sua atitude diante da morte manifestam quão profundo e autêntico era seu amor. Mesmo hospitalizado e com câncer, nunca se queixou e repetia a frase *"Contento, Señor, contento"*, a qual verdadeiramente vinha do coração. Santo Alberto Hurtado via a realidade do mundo e dos homens como Jesus, com amor e respeito. Faleceu em 18 de agosto de 1952. O Papa Bento XVI, em 23 de outubro de 2005, declarou-o santo. Um de seus lemas era: "Não descanse enquanto houver uma dor para aliviar".

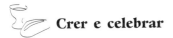

Crer e celebrar

Oração pelas vocações (Papa Paulo VI)

Jesus, Divino Mestre,
que chamastes os apóstolos para vos seguir,
continuai a passar pelos nossos caminhos,
pelas nossas famílias, pelas nossas escolas,
e continuai a repetir o convite a muitos de nossos jovens.
Dai coragem às pessoas convidadas.
Dai força para que vos sejam fiéis,
como apóstolos leigos, como sacerdotes, como religiosos e religiosas,
para o bem do Povo de Deus e de toda a humanidade.
Amém.

Orientações práticas

Seria muito importante agendar uma visita ao padre da comunidade. Levar o grupo de catequese para conhecer seu pastor, sua vida, sua mensagem. O padre poderia falar brevemente e dar uma bênção ao grupo. O importante é um contato com o padre, no qual as crianças tenham a liberdade de perguntar e ter familiaridade com ele.

Outra sugestão é visitar a sacristia e ver as vestes do padre, ver o que elas significam e como expressam o caráter sagrado de sua missão. Diversas profissões são identificadas pela roupa: bombeiro, médico, policial, carteiro. As vestes são feitas para identificar a função que cada um exerce. Na Igreja, ao longo de vários séculos, as roupas foram sendo pensadas para expressar a função do padre de ser o pastor da comunidade:

- *Alva:* túnica branca que chega ao calcanhar. Ela indica que o sacerdote está revestido com a graça de Cristo.

- *Casula:* vestimenta sacerdotal mais enfeitada, usada durante a Missa e que fica por cima da alva e da estola. Sua cor representa o tempo litúrgico. A casula representa o amor de quem serve ao Senhor; por isso é uma veste que cobre todo o corpo do sacerdote. Ele deve estar revestido do amor de Cristo.

- *Cíngulo:* cordão, espécie de cinto, com o qual a alva é ajustada na cintura. Estar com o cíngulo significa estar preparado para o serviço.

- *Estola:* paramento sacerdotal que consiste em uma faixa larga de lã ou seda usada em torno do pescoço e que desce até os joelhos; variam as cores, de acordo com a época do calendário litúrgico ou da festividade de um dia específico. Simboliza o serviço sacerdotal.

24

O Ano Litúrgico

Ao longo do tempo, a Igreja organizou sua vida litúrgica. A festa central é a Páscoa do Senhor Jesus, o mistério de sua paixão, morte e ressurreição. Em torno dela, surgiu o calendário litúrgico da Igreja, marcando as outras celebrações dos mistérios de Cristo, desde sua encarnação até Pentecostes, na esperança de sua vinda gloriosa. O Ano Litúrgico é o tempo que marca as datas dos acontecimentos da História da Salvação. Não é como o ano civil, que principia em 1º de janeiro e termina em 31 de dezembro, mas começa no 1º domingo do Advento (geralmente no início de dezembro) e termina na Festa de Cristo Rei do Universo (no final de novembro). Há dois grandes tempos: Natal e Páscoa, com períodos de preparação, celebração e continuidade da festa. Um terceiro período é chamado Tempo Comum ou Ordinário. Cada tempo tem cores e símbolos que ressaltam o espírito e o conteúdo do que se celebra.

 À luz da Bíblia

No início do cristianismo, as primeiras comunidades reuniam-se sempre no primeiro dia da semana, o Domingo, nas próprias casas das famílias, para fazer memória da ressurreição do Cristo (cf. At 20,7). O domingo era chamado "Dia do Senhor" (cf. Ap 1,10). Os primeiros cristãos se referiam à Eucaristia como "fração do pão" (cf. At 20,7). Eram perseverantes em ouvir o ensinamento dos apóstolos, na comunhão fraterna, no partir do pão e nas orações. Em todos eles, havia temor, por causa dos numerosos prodígios e sinais que os apóstolos realizavam (cf. At 2,42ss).

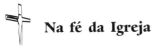 **Na fé da Igreja**

O Ano Litúrgico da Igreja

O centro e objetivo de toda a liturgia da Igreja é celebrar a Páscoa do Senhor Jesus, o mistério de sua paixão, morte e ressurreição. Com o passar dos séculos, a Igreja foi organizando as demais festas e celebrações que revelam todo o mistério de Cristo. Nas diversas festas e tempos litúrgicos no decorrer do ano, a Igreja vai percorrendo um caminho espiritual, celebrando a revelação de Deus, a vida de Cristo e o testemunho dos santos. As leituras estão organizadas da seguinte forma: para os domingos e festas há um ciclo de três anos. O Ano A é dedicado ao evangelho de Mateus; o ano B, ao de Marcos; e o ano C, ao de Lucas. O evangelho de João é lido em diversas celebrações, ao longo do Ano Litúrgico.

- *Tríduo Pascal*. Inicia na Missa da noite da Quinta-feira Santa, a Ceia do Senhor, e vai até o domingo da Páscoa da ressurreição. São os dias centrais do Ano Litúrgico da Igreja, a festa central de todo o cristianismo. Celebra-se a paixão, morte e ressurreição do Senhor. A Vigília Pascal, na noite do Sábado de Aleluia, é o momento forte desse Tríduo: "A noite da luz".

- *Tempo Pascal*. São cinquenta dias entre o Domingo da Ressurreição e o Domingo de Pentecostes. Tempo de alegria e exultação, como se fosse um só dia de festa, o grande domingo. São dias de Páscoa e não após a Páscoa. Os oito primeiros dias desse período são chamados de "oitava da Páscoa", celebrados como solenidades do Senhor. No sétimo domingo da Páscoa, celebra-se a festa da Ascensão do Senhor.

- *Tempo da Quaresma*. Período de quarenta dias, da quarta-feira de Cinzas até a Quinta-feira Santa, antes da noite. Nesse tempo, a Igreja nos convida a uma profunda preparação para a grande festa da Páscoa, através do jejum, da penitência e da oração. É tempo de conversão e busca da reconciliação com Deus, especialmente pelo sacramento da Penitência. A *Semana Santa* começa no "Domingo de Ramos", que é o "Domingo da Paixão do Senhor", em que se celebra a entrada triunfal de Jesus em Jerusalém e também sua paixão e morte na cruz; encerra-se com a grande celebração do Tríduo Pascal.

A FÉ CRISTÃ PARA CATEQUISTAS

- *Tempo do Natal.* É o tempo que vai da noite do dia 24 de dezembro até o domingo depois do dia 6 de janeiro, festa da Epifania. É o período de celebrar as alegrias do nascimento do Senhor, "quando o céu e a terra trocam seus dons". A palavra epifania quer dizer "manifestação": o Menino Deus, nascido sem chamar atenção, se manifesta como luz para todas as nações.

- *Tempo do Advento.* São quatro semanas de preparação para as solenidades do Natal. Nesse tempo, os corações e as expectativas se voltam para a vinda do Cristo, não só aquela que aconteceu em Belém, mas também aquela que acontecerá no fim dos tempos, quando o Senhor virá em sua glória para julgar os vivos e os mortos.

- *Tempo Comum – primeira parte.* Começa no dia seguinte à festa do Batismo do Senhor e vai até a terça-feira antes da Quaresma, inclusive.

- *Tempo Comum – segunda parte.* O Tempo Comum recomeça na segunda-feira depois do domingo de Pentecostes e termina com o primeiro domingo do Advento, quando se inicia um novo Ano Litúrgico na Igreja.

As cores litúrgicas

Conforme os tempos litúrgicos, também a Igreja se reveste de sinais diferentes, com as cores das toalhas e das vestes litúrgicas.

- O *dourado ou branco*: refere-se ao esplendor da glória de Deus. É usado nos Ofícios e Missas do Tempo Pascal e do Natal do Senhor, bem como em suas festas e memórias, exceto as da Paixão; nas festas e memórias da Bem-aventurada Virgem Maria, dos Santos Anjos, dos Santos não mártires, na festa de Todos os Santos, de São João Batista, de São João Evangelista, da Cátedra de São Pedro e da Conversão de São Paulo.

- O *vermelho*: lembra o fogo do Espírito Santo e o sangue derramado por Cristo e pelos mártires. É usado no Domingo de Ramos, na Sexta-feira da Paixão, em Pentecostes, nas celebrações da Paixão do Senhor, nas festas dos apóstolos e evangelistas e nas celebrações dos santos mártires.

- O *roxo*: recorda a atitude de recolhimento, reflexão, penitência, vigilância. É usado nos tempos do Advento e da Quaresma, e nas celebrações das exéquias (funerais).

- O *verde*: é a cor da esperança; usa-se durante o Tempo Comum.
- O *preto*: expressa luto. Pode ser usado nas Missas pelos fiéis defuntos.
- O *rosa*: expressa alegria. Pode ser usado nos domingos *Gaudete* (3º do Advento) e *Laetare* (4ª da Quaresma).

Aprofundando o tema

Qual a maior festa do cristianismo?

Ao contrário do que muitos pensam, a maior festa cristã não é o Natal, mas a Páscoa do Senhor. É no Tríduo Pascal que se celebram os mistérios de Cristo que são o fundamento de toda a nossa fé. A ressurreição do Senhor é a grande prova da verdade de tudo o que ele ensinou e fez. Como diz o apóstolo Paulo, se Cristo não tivesse ressuscitado, vazias seriam nossa pregação e nossa fé (cf. 1Cor 15,14).

O Sábado de Aleluia

No Sábado de Aleluia, à noite, celebra-se a Vigília Pascal. Essa é a mãe de todas as liturgias da Igreja; por isso nenhum cristão deveria faltar a essa celebração. No Brasil, a religiosidade popular valoriza mais a Sexta-feira Santa da Paixão do Senhor do que a Páscoa de sua ressurreição. Ora, essa visão precisa ser purificada. Não faz sentido celebrar as dores do Senhor e não celebrar sua vitória sobre todo o sofrimento e a morte. A Vigília do Sábado Santo é o momento principal de todo o Tríduo Pascal. Santo Agostinho, no século IV, chamava essa celebração de "Vigília das vigílias".

O que são "dias santos de guarda"?

São dias de festas de preceito em que os católicos têm o compromisso de participar da Missa, reservando esse momento para o culto a ser prestado a Deus. O domingo é o dia de festa por excelência, o "Dia do Senhor".

 Testemunho de vida: *São Bento*, **o pai dos monges**

Bento nasceu em Núrcia, na Itália, por volta do ano 480. Estudou em Roma. Foi eremita em Subiaco, onde reuniu um grupo de discípulos, indo mais tarde para a localidade de Monte Cassino. Aí fundou um célebre mosteiro e escreveu a *Regra* que, difundida em muitos países, lhe valeu os títulos de pai dos monges do Ocidente e padroeiro da Europa. Morreu em 21 de março de 547. Contudo, desde o fim do século VIII, sua memória começou a ser celebrada em muitas regiões no dia 11 de julho.

São Bento tinha como objetivo formar cristãos perfeitos, seguindo os ensinamentos de Jesus Cristo, mediante a prática dos mandamentos e os conselhos evangélicos. Outro precioso fator era o equilíbrio e a moderação. A *Regra* devia ser possível a todos e adaptável à capacidade de cada um. *Ora et labora* (reza e trabalha) é seu lema. Oração transformada em trabalho, e trabalho em oração, pela fé e obediência. Os beneditinos, seguidores de São Bento, cuidam muito da liturgia, da celebração de cada hora para o louvor ao Senhor.

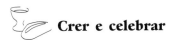 **Crer e celebrar**

Oração

Senhor do espaço e do tempo,
nós vos agradecemos tudo o que recebemos de vossas mãos,
especialmente a oportunidade de louvar e agradecer,
pedir e interceder, amar e sermos amados.
Em cada encontro de nossas celebrações,
sentimos vossa mão amorosa a nos guiar.
Em cada símbolo, cor e sinal, expressamos nosso coração voltado para vós.
Ficai conosco, Jesus!

 Orientações práticas

- *Tempos e cores da fé.* Dividir a turma em grupos, conforme as cores dos tempos litúrgicos. Cada grupo pesquisa sobre o tempo litúrgico ao qual se refere sua cor. Depois de feita a pesquisa, expor aos demais as características e celebrações da Igreja, no tempo litúrgico correspondente. Pode-se, a partir disso, montar um jogo entre os grupos, para relacionar as solenidades e festas com os tempos e as cores litúrgicas correspondentes.

- *Trilha litúrgica.* Desenhar no chão um caminho em diversas etapas. Cada casa da trilha corresponderá a um tempo litúrgico, sinalizado com a cor adequada. Um representante de cada grupo trilhará o caminho, conforme o número de casas indicado pelo jogo de um dado. Em cada casa que cair, deverá dizer uma celebração litúrgica ou característica daquele tempo. Se não acertar, pagará uma prenda definida pelo grupo adversário.

V

CREIO NA VIDA ETERNA

25

Morte e vida eterna

A morte é o fim da caminhada terrestre de cada pessoa. Após a morte, a Igreja crê que a pessoa é imediatamente julgada por Deus. Podendo ir para o céu, inferno ou purgatório. A Igreja ensina que, após nossa morte, sobrevive um "eu individual", isto é, sobrevive nossa identidade pessoal. Depois do julgamento individual, ficamos esperando, no tempo de Deus, a ressurreição do corpo, quando Deus transformará toda a criação.

À luz da Bíblia

A morte é consequência do pecado cometido por Adão e Eva como nos mostra o texto do Gênesis: "Mas da árvore do conhecimento do bem e do mal não comerás, porque no dia em que dela comeres terás que morrer" (Gn 2,17). O apóstolo Paulo retoma a questão da morte como consequência do pecado dos homens: "Porque o salário do pecado é a morte, e a graça de Deus é a vida eterna em Cristo Jesus, nosso Senhor" (Rm 6,23). Mas o que acontece conosco depois da morte? Somos julgados pela forma de vida que temos. Acontece o nosso julgamento particular, como nos mostra o texto da carta aos Coríntios: "Porquanto todos nós teremos de comparecer manifestamente perante o tribunal de Cristo, a fim de que cada um receba a retribuição do que tiver feito durante a sua vida no corpo, seja para o bem, seja para o mal" (2Cor 5,10). Após o julgamento, podemos ir para o céu, para termos a vivência com o Senhor: "Nunca mais haverá maldições. Nela estará o trono de Deus e do Cordeiro, e seus servos lhe prestarão culto, verão a sua face, e seu nome estará em suas frontes" (Ap 22,3-4). A oração pelas penas dos que estão no purgatório podemos perceber no livro de Macabeus: "Por isso, mandou oferecer um sacrifício pelo pecado dos que tinham morrido, para que fossem libertados do pecado" (2Mc 12,45). A condenação eterna encontra seu fundamento bíblico em Mateus: "Afastai-vos de mim, malditos, para o fogo eterno preparado para o diabo e para os seus anjos. Porque tive fome e não me destes de comer. Tive sede e não me destes de beber" (Mt 25,41-42).

 Na fé da Igreja

A morte constitui um grande mistério para o ser humano. Para a fé católica, a morte não é fim de tudo, mas é passagem para outra realidade que não compreendemos totalmente aqui na terra. O que a fé nos mostra é que há vida após a morte. Sabemos que existe uma continuidade. Mas também há uma ruptura, porque teremos uma vida completamente nova, cheia de felicidade junto de Deus. É uma realidade surpreendente, muito diferente e que não conseguimos imaginar como será. É como uma criança no ventre da mãe que não pode imaginar como será sua vida ao nascer.

Após o momento de nossa morte, somos julgados. Aqueles que morreram na amizade com Deus irão para o céu, serão incorporados a Jesus. O céu é um estado perfeito onde todas as aspirações e toda a felicidade acontecem. Lá não existe morte, sofrimento, tristeza, mas somente a felicidade de viver em Deus.

Existem também aqueles que tiveram em sua vida a vontade de seguir Jesus Cristo, mas não conseguiram praticar o amor fraterno. Usa-se a imagem do fogo, para simbolizar a purificação, que é, na verdade, uma expressão para designar a mudança de vida, um aperfeiçoamento para assemelhar-se mais a Cristo.

Também existem aqueles que, durante sua vida, se fecharam totalmente para Deus. Rejeitaram seus ensinamentos de praticar o amor para com os demais e se fecharam em si mesmos. Muitos vivem na maldade, escolheram um caminho contrário ao de Deus. Viver no inferno é estar totalmente separado de Deus, ter negado seu amor de forma livre e consciente. É um estado de autoexclusão da comunhão com Deus. O inferno é uma realidade eterna.

Deus quer a salvação de todos os seus filhos. Ele não destina ninguém ao inferno. São as pessoas que escolhem o caminho da condenação eterna. O inferno tem caráter de alerta, que nos torna vigilantes para termos responsabilidade pelo uso da liberdade.

A FÉ CRISTÃ PARA CATEQUISTAS | 167

Aprofundando o tema

Rezar pelos mortos

Os cristãos têm o costume de rezar pelos mortos, desde o século I, quando visitavam o túmulo dos mártires nas catacumbas e rezavam por todos os falecidos. No século IV, já encontramos a memória dos mortos na celebração da Missa. Desde o século V, a Igreja dedica um dia por ano para rezar pelos finados, principalmente por quem ninguém rezava nem se lembrava. O dia 2 de novembro, dedicado aos mortos, foi definido, no século XIII, para recordar que, depois do dia primeiro de novembro, quando a Igreja celebra todos os santos, deve-se rezar por todos os que morreram. O dia de Todos os Santos celebra os que morreram em estado de graça, canonizados ou não pela Igreja. O dia de Todos os Defuntos celebra a multidão dos que morreram e não são lembrados.

Finados são aqueles que findaram, que chegaram ao fim do tempo. O finar refere-se ao findar e ao morrer, o chegar à meta. Recorda a colheita do feno, a erva ceifada e seca. Na Bíblia, o homem é comparado à erva do campo. Ao visitar o cemitério, no dia de Finados, as pessoas honram a lembrança de seus entes queridos que já partiram. Os mortos brilham no coração de quem os ama nesta vida. Eles não aparecem, mas a fé garante uma esperança de *revê-los* na vida eterna, que não conhece fim. Neste mundo, quem viveu e amou é chama que não se apaga. Seu testemunho fica como uma luz acesa no coração de quem continua a caminhada. Esse é o significado das velas acesas nos túmulos. Elas nos afirmam que nossos irmãos não se apagaram, mas brilham diante do Deus da Luz. O costume de levar flores recorda que a fé dos cristãos é marcada pela esperança da feliz ressurreição. A vida e a morte em Cristo são sempre uma festa bela e plena de sentido. Acredita-se que os justos florescerão no jardim de Deus.

Testemunho de vida: *Santa Teresa de Ávila,* a mística e andarilha de Deus

Teresa de Jesus nasceu em Ávila, em 1515. Moça bonita e de família nobre, escolheu porém a vida religiosa como caminho de amor a Deus. Após muito tempo no Carmelo, iniciou uma reforma no estilo de viver sua consagração a Deus. Insistiu na contemplação das maravilhas de Deus. Do Mosteiro de São José, primeiro Carmelo por ela reformado, partiu para todas as direções da Espanha. Teresa tornou-se uma das maiores contemplativas da história da Igreja. Em outubro de 1582, chegando à cidade de Alba, Teresa teve que se deitar imediatamente. Três dias depois, disse à Beata Ana de São Bartolomeu: "Finalmente, minha filha, chegou a hora de minha morte". O Pe. Antonio de Heredia ministrou-lhe os últimos sacramentos. Quando o padre levou-lhe a Eucaristia, a santa conseguiu erguer-se do leito e exclamou: "Ó, Senhor, por fim chegou a hora de nos vermos face a face!". Ela morreu às 9 horas da noite de 4 de outubro de 1582. Exatamente no dia seguinte entrou em vigor a reforma do calendário gregoriano, que suprimiu dez dias, de modo que a festa da santa foi fixada, mais tarde, para o dia 15 de outubro. Foi sepultada em Alba de Tormes, onde repousam suas relíquias.

O Papa Paulo VI, em 1970, deu-lhe o título de "Doutora da Igreja". Teresa foi uma educadora perfeita, muito prática, realista, forte e exuberante. Tinha um coração generoso, desejava que a felicidade não fosse só para si, mas que todas as almas dela participassem. Dela é a famosa oração:

Nada te perturbe, nada te espante.
Tudo passa, só Deus não muda.
A paciência tudo alcança.
A quem tem Deus nada lhe falta.
Só Deus basta.

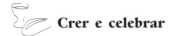 **Crer e celebrar**

Orações pelos falecidos
Senhor,
que perdoais os pecados e quereis a salvação de todos os homens:
por intercessão da Virgem Maria e de todos os santos,
dai a todos os que já partiram deste mundo,
particularmente nossos pais, irmãos, parentes e benfeitores,
a alegria da bem-aventurança eterna.
Por Nosso Senhor Jesus Cristo, vosso Filho,
na unidade do Espírito Santo.
Amém.

ou

*Que as almas de todos os fiéis defuntos,
pela misericórdia de Deus,
descansem em paz.
Amém.*

ou

*Dai-lhes, Senhor, o descanso eterno.
E brilhe para eles a vossa Luz.
Descansem em paz.
Amém.*

 Orientações práticas

O Símbolo da Borboleta

É possível usar a imagem da lagarta, do casulo e da borboleta para explicar a passagem desta vida para a eterna. Essa imagem está presente também nos escritos de Santa Teresa. É preciso, contudo, evitar qualquer interpretação que desvie do sentido da ressurreição em Cristo. O símbolo da borboleta está relacionado com sua metamorfose: inicialmente um ovo que se transforma em lagarta e que depois vira casulo, condenado à rigidez da morte, até finalmente chegar à beleza do inseto alado. Na Antiguidade clássica, era símbolo da alma (*psychê*) que não pode ser destruída pela morte. Na simbologia cristã, a borboleta é símbolo da ressurreição e da imortalidade; por outro lado, devido à brevidade de sua vida e de sua beleza, também recorda a vaidade vazia e a futilidade.

26

Ressurreição ou reencarnação?

Muitas religiões, em diferentes épocas, ensinam que o ser humano pode voltar a este mundo em outras existências. Hoje, há muitos cristãos que acolhem essa crença e continuam dizendo serem católicos. Acreditam que vão retornar a este mundo depois da morte, através da reencarnação. Desconhecem que a fé dos cristãos é totalmente diferente dessa concepção.

Em primeiro lugar, é preciso deixar claro que devemos respeitar as diferentes formas de cada ser humano buscar a verdade e o mistério. O direito à liberdade religiosa deve ser sempre garantido. É importante, porém, conhecer os pontos fundamentais que revelam a diferença entre a doutrina da reencarnação e a fé católica na ressurreição. Conhecer as diferenças não impede o diálogo e o respeito.

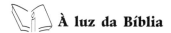 **À luz da Bíblia**

Ressurreição significa passar da morte para a vida eterna. Assim, Jesus ressuscitou, pois morreu e, após três dias, voltou a viver no corpo (cf. Mt 28,5-7; Mc 16,6; Lc 24,3-4; Jo 20,1-9). Seu corpo se tornou glorioso, podendo ser tocado (cf. Jo 20,17.27) e podendo também atravessar portas e paredes sem a necessidade de serem abertas ou derrubadas (cf. Jo 20,19). O corpo de Jesus ressuscitado é um corpo semelhante ao que receberemos no final dos tempos.

A reencarnação não pode ser aceita pelo católico por vários motivos

Em Hb 9,27, lemos que *"para os homens está estabelecido morrerem uma só vez e em seguida vem o juízo"*. Ora, após nossa morte, receberemos o veredicto final de Deus: ou estaremos salvos ou seremos condenados; e se formos condenados, não haverá outra chance (reencarnação) para chegarmos à perfeição, isto é, o céu. A Bíblia não admite a repetição e o retorno do tempo histórico. Cada momento é único e decisivo para a salvação. A ação de Deus é irrepetível. De uma vez para sempre, Jesus Cristo ressuscitou e abriu o caminho para chegarmos ao Reino dos Céus. A cada pessoa é dado um único período de tempo (cf. Sl 90,12; Hb 9,27s).

Em Lc 23,43, Jesus afirma ao bom ladrão crucificado com ele: "Em verdade te digo: ainda hoje estarás comigo no Paraíso". Pela doutrina do espiritismo, apesar de ser um bom ladrão, este não estaria totalmente purificado – pois havia roubado – e precisaria encarnar-se novamente. No entanto, Jesus lhe dá a sentença final: ele está salvo! A salvação da pessoa não pode ser alcançada só pelos próprios méritos. *A salvação é graça de Deus, dom de Deus*. A doutrina da reencarnação como *karma* insiste numa autorrealização, autossalvação, enquanto nós sabemos que Deus nos salva por seu amor e por seu perdão. Assim, não é uma, nem muitas vidas que nos permitirão chegar à perfeição, pois só Deus é perfeito. Nossa salvação depende dele, porque "tudo é graça";

Os escritores do Novo Testamento afirmam que Jesus morreu por nossos pecados, venceu a morte e, assim, nos garantiu a vida eterna. Ora, se houvesse reencarnação, para que precisaríamos de um Redentor? Nós mesmos, por nossos próprios méritos, alcançaríamos a perfeição e a salvação. Logo, a reencarnação contradiz a base do cristianismo, que é *aceitar Jesus como o Salvador*, verdadeiro Deus e verdadeiro homem. Os espíritas apreciam muito Jesus, mas o chamam de Iluminado, porque para eles a Luz é Deus. Distinguem Jesus de Deus. Para os cristãos, Jesus é a Luz, porque Jesus é Deus que se fez homem.

 ## Na fé da Igreja

A pessoa é um todo formado de alma e corpo, somos uma unidade. As teorias reencarnacionistas revelam um dualismo: o que importa é a alma, pois ela pode migrar para outros corpos. O cristão sabe que o corpo é templo de Deus e que Jesus ressuscitou com um corpo glorioso. Nós sabemos que nosso corpo faz parte de nossa vida, com ele trabalhamos, fazemos o bem ou pecamos: ele é importante para a salvação.

A FÉ CRISTÃ PARA CATEQUISTAS

Não é possível sustentar que os cristãos da Igreja antiga e os Santos Padres ensinaram a reencarnação. Isso é apropriar-se indevidamente de uma tradição de dois mil anos e confundir as coisas. Orígenes chegou a dizer que essas são *fábulas ineptas e ímpias*. São Gregório de Nissa diz que a reencarnação é uma *fábula que ofende o gênero humano*. Os antigos Padres da Igreja entraram em polêmicas, às vezes bastante violentas, contra a doutrina da reencarnação, por considerarem-na ridícula e absurda. A ideia de uma conversão após a morte, mediante um novo nascimento neste mundo, não condiz com o ensinamento de Jesus Cristo. O que a Igreja ensina é a possibilidade de uma purificação, após a morte, a partir de um fogo renovador (purgatório). A diferença está em que, neste, quem age é Deus, que no fogo de seu amor nos purifica das marcas deixadas pelo pecado e que nos afastam da comunhão com ele.

Aprofundando o tema

A reencarnação

A fé na reencarnação não pode ser provada pela ciência. Trata-se de uma doutrina adotada por diferentes povos. Ela foi seguida pelos celtas, pelos gregos, pelos egípcios, e ainda é forte na Índia. Ela está presente especialmente no hinduísmo, no budismo e em grupos espíritas como os kardecistas. A partir do século XIX, a Europa e a América viram desenvolver-se as doutrinas ocultistas e espíritas. Especial atenção se dá no Brasil ao espiritismo kardecista. Segundo Alan Kardec (1804-1869), a reencarnação sempre acontece num corpo humano. Diferente, pois, de algumas doutrinas reencarnacionistas, como a hindu, na qual um espírito pode reencarnar também num animal. Para Kardec, a alma não tem sexo e pode assumir tanto um corpo masculino quanto um feminino.

Os reencarnacionistas acreditam que, ao morrer, o espírito da pessoa, que ainda não chegou à perfeição, deve purificar-se, retornando à terra num outro corpo. Em cada indivíduo, ocorre uma sucessão de nascimentos e de mortes, de acordo com sua necessidade de purificação, até chegar à iluminação final. Para Alan Kardec, a reencarnação não acontece somente na terra. Ela pode ocorrer também em outros planetas.

A teoria da reencarnação tem encontrado renovado interesse nos tempos modernos. Frequentemente, são oferecidos alguns argumentos para dar suporte à teoria reencarnacionista: citam-se pessoas que falam de uma existência anterior ou que relembram experiências de padecimento e morte... Contudo, não passam de ambíguos os fenômenos observados nessas experiências, os quais, segundo os cientistas, podem ter interpretações diversas, por exemplo, o surgimento, no consciente, de elementos esquecidos.

O fato de se reencarnar significa dar uma nova chance para o indivíduo, que pode achar muito breve o tempo de sua existência neste mundo. Na nova encarnação, ele poderia recuperar uma vida fracassada ou mal vivida. Muita gente procura tal tipo de consolo para sua vida. A fé na ressurreição também não pode ser provada pela ciência. Trata-se de uma doutrina ensinada pelos cristãos: católicos, ortodoxos e protestantes. Ela afirma que, após a morte, a pessoa terá o mesmo destino de Jesus Cristo: ressuscitar.

É preciso ficar claro que, quem crê na reencarnação, nega automaticamente a ressurreição e vice-versa; e negar a ressurreição é negar toda a doutrina sobre a Igreja de Cristo, os sacramentos e a graça de Deus; em outras palavras, é negar o próprio Cristo e considerar como vazio e sem valor seu sacrifício, sua morte e sua ressurreição.

A reencarnação e a ressurreição são doutrinas bem distintas. Crer numa ou em outra doutrina não é questão de ciência, mas de fé. Embora pareça ser mais simpático e simples crer numa nova chance para nossas almas, é preciso seguir o que nos ensinaram os apóstolos e a Tradição da Igreja. Alan Kardec é do século XIX e criou uma outra possibilidade de crer no mistério. O certo, porém, é que essa forma de crer é incompatível com a fé cristã. Quem quer ser cristão tem de crer em Jesus Cristo como Deus e homem e seguir sua Palavra. E Jesus nunca falou de reencarnação, apenas de ressurreição.

 Testemunho de vida: *Santa Maria Madalena,* **a testemunha da ressurreição**

Segundo o Novo Testamento, Jesus expulsou de Madalena sete demônios. A partir de então, ela acreditou nele como o Cristo e o seguiu. No sábado, após a crucificação, ela permaneceu na cidade, e, no dia seguinte, de manhã muito cedo "quando ainda estava escuro", foi ao sepulcro e o achou vazio. Ela recebeu de um anjo a notícia de que Jesus tinha ressuscitado. Madalena correu e anunciou aos apóstolos. Maria Madalena foi a primeira testemunha da ressurreição de Cristo e foi a primeira anunciadora dessa grande Boa-Nova. Depois disso, pouco ou nada mais se sabe sobre ela a partir da leitura dos evangelhos. Em Lucas 8,2, faz-se menção, pela primeira vez, de "Maria, chamada Madalena, da qual saíram sete demônios". Não há nenhum fundamento bíblico para considerá-la como a prostituta arrependida que pediu perdão por seus pecados a Jesus Cristo. O que sabemos é que Deus escolheu essa mulher para proclamar ao mundo a ressurreição de Jesus. Ela foi considerada a apóstola dos apóstolos, pois anunciou-lhes o fundamento de nossa fé: a ressurreição. É festejada pela Igreja no dia 22 de julho.

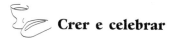
Crer e celebrar

Professando nossa fé e nossa esperança na ressurreição, rezemos o Prefácio da Missa dos Fiéis Defuntos I:

Na verdade, é justo e necessário,
é nosso dever e salvação
dar-vos graças, sempre e em todo o lugar,
Senhor, Pai santo,
Deus eterno e todo-poderoso,
por Cristo, Senhor nosso.

Nele brilhou para nós
a esperança da feliz ressurreição.
E, aos que a certeza da morte entristece,
a promessa da imortalidade consola.

Senhor, para os que crêem em vós,
a vida não é tirada, mas transformada.
E, desfeito o nosso corpo mortal,
nos é dado, nos céus, um corpo imperecível.

E, enquanto esperamos a realização de vossas promessas,
com os anjos e com todos os santos,
nós vos aclamamos
cantando (dizendo) a uma só voz:

Santo, Santo, Santo...

Orientações práticas

Colocar numa mesa uma cruz e um ovo. Perguntar aos participantes como esses sinais podem lembrar a fé na ressurreição. Em seguida, ler o significado abaixo:

- *Ovo*. Desde remota civilização, o ovo simboliza o início da vida, a criação, o nascimento. O ovo contém algo oculto, é como um túmulo fechado, encerrando vida dentro de si que, a qualquer momento, pode surgir. É, pois, símbolo da ressurreição de Cristo que sai da sepultura para a nova vida. Sendo a Páscoa a ressurreição de Jesus, que venceu a morte, ela é início de uma nova vida, a redenção da humanidade. Cristo, na manhã da Páscoa, irrompeu do sepulcro como a nova vida que irrompe do ovo.

- *Cruz*. O instrumento de tortura e morte da Antiguidade tornou-se, para os cristãos, um símbolo de ressurreição. A cruz de Jesus aponta para a ressurreição. A morte foi derrotada, e a última palavra da história não é morte, mas vida plena em Deus. Vida que não se repete, mas ganha novo sentido depois da cruz. Por isso, nos cemitérios, colocam-se cruzes nos túmulos cristãos. A cruz aponta para a luz da ressurreição.

27

Espero o mundo que há de vir!

Depois do julgamento individual, a Igreja ensina que temos de ter um "tempo" de espera até o juízo final, que é o juízo de Deus de toda a história e do mundo. No juízo final, acontecerá a parusia, isto é, a vinda de Cristo em poder e glória, quando teremos um novo céu e uma nova terra, e acontecerá nossa ressurreição. Não sabemos o momento em que isso ocorrerá. No juízo final, sucederá a ressurreição do corpo dos mortos e dos ainda vivos, não para voltar à vida terrena, mas para ter um corpo glorioso, mantendo a identidade de cada pessoa.

À luz da Bíblia

A fé da Igreja diz que Jesus voltará uma segunda vez para a terra, mas de forma gloriosa. Não encontramos na Bíblia nenhuma afirmação de quando será o momento: "Daquele dia e hora, ninguém sabe, nem os anjos no céu, nem o Filho, somente o Pai. Atenção e vigiai, pois não sabeis quando será o momento" (Mc 13,32-33). Biblicamente, existem textos que mostram que Jesus voltaria logo após sua ressurreição, ainda no tempo de vida dos apóstolos: "Em verdade eu vos digo que estão aqui presentes alguns que não provarão da morte até que venha o Reino de Deus chegando com poder" (Mc 9,1). Explica-se com isso a grande expectativa que algumas pessoas tinham de que realmente Jesus voltaria logo. Esse pensamento foi sendo substituído aos poucos pela consciência de que não é possível saber quando Jesus virá para julgar os vivos e os mortos. Em sua volta gloriosa, acontecerá a ressurreição da carne. É a nossa ressurreição.

O fundamento da nossa ressurreição é a própria ressurreição de Jesus, como nos ensina a carta aos Romanos: "E se o Espírito daquele que ressuscitou

Jesus dentre os mortos habita em vós, aquele que ressuscitou Cristo Jesus dentre os mortos dará vida também a vossos corpos mortais, mediante o Espírito que habita em vós" (Rm 8,11). Na parusia, teremos uma transfiguração do mundo que conhecemos. Será um novo céu e uma nova terra. Toda criação visível e invisível mudará em algo que não podemos saber como será, mas apenas sabemos que algo muito maior nos aguarda. "De fato, a criação foi submetida à vaidade – não por seu querer, mas por vontade daquele que a submeteu na esperança de que ela também será libertada da escravidão e da corrupção, para entrar na liberdade da glória dos filhos de Deus" (Rm 8,20-21). Um texto significativo sobre o julgamento de Jesus se encontra em Mateus 25. Está escrito que o Filho do Homem virá em sua glória e julgará os vivos e os mortos. Aqueles que praticaram a caridade entrarão no Reino dos Céus; enquanto os outros, que não praticaram a caridade, serão condenados, para sempre.

 Na fé da Igreja

Depois da morte, cada pessoa é julgada por Deus. Percebemos, pela experiência que no mundo ocorrem a maldade, as injustiças, a miséria e a morte. Com isso entendemos por que ainda o Reino de Deus não aconteceu totalmente. Enquanto houver sofrimento na terra, não pode haver alegria completa no céu. O Reino de Deus ainda não foi realizado totalmente. Isso vai acontecer no juízo final, quando Deus fará justiça, julgará os vivos e os mortos e vai criar uma nova terra e um novo céu.

A ressurreição dos mortos está baseada na ressurreição de Jesus Cristo. Da mesma forma que Jesus ressuscitou, ele nos ressuscitará no dia do juízo final. A segunda vinda de Jesus, que denominamos de parusia, não será como foi a primeira – no presépio. Ele virá manifestar sua glória para toda a humanidade. Julgará toda a história, transformará a criação atual em uma nova realidade, que ultrapassa nosso conhecimento.

Mas pela fé acreditamos que será uma realidade perfeita, totalmente entregue ao amor de Deus, onde não haverá mais dor, nem morte, nem o pecado. Apenas vida em abundância junto de Deus. Quando Cristo vier, ele ressuscitará todos os mortos. Não podemos confundir a ressurreição de Jesus com a volta à vida aqui neste mundo, onde estamos sujeitos à morte. Na nova vida, não ocorre mais morte nem sofrimento. É uma vida totalmente nova num corpo ressuscitado que é novo em relação ao que temos em vida. Importante é que todos ressuscitarão, tanto os bons que estão junto de Deus, como os maus, que estão no inferno. Uns ressuscitarão para a vida eterna junto com Deus, outros, para a condenação.

Para a habitação neste novo corpo glorioso, que receberemos de Deus, também temos que lembrar que precisaremos de um novo mundo para habitar. Com a ressurreição do nosso corpo não podemos viver sem um espaço, por isso, temos um novo céu, uma nova forma de relação com esse novo mundo. Percebemos que o mundo em que vivemos será transfigurado por Deus e teremos, então, um novo lar. Nossa fé evita o desespero e o medo das pessoas de que o fim do mundo seja catastrófico. Deus não destruirá o mundo, mas o transfigurará. Não sabemos o momento em que isso acontecerá nem exatamente o que nos espera, mas o juízo final de Deus não causa medo aos homens. O juízo nos transmite a esperança, porque o mal será vencido completamente e viveremos no amor de Deus para sempre. Na nova realidade, o Reino de Deus estará totalmente plenificado e todos poderão ver a Deus, que será tudo em todos. O Criador e a criatura viverão em completa harmonia.

Aprofundando o tema

A fé cristã crê que todo o cosmo está chamado a uma total comunhão com Deus. A atual forma de existência do universo, com sua história de bilhões de anos, assim como teve um início, irá conhecer um fim. Confirmam essa posição as teorias científicas sobre a origem e destino do universo. É preciso rejeitar e superar o dualismo que avalia, de forma pessimista, o tempo e o mundo presente, afirmando que é digno de ser destruído e anunciando uma visão catastrófica sobre o futuro da história. O cosmo é integrado no futuro de Cristo, porque, no projeto de Deus, a criação não pode ser desprezada. Há, portanto, um forte e estreito vínculo entre o hoje da criação e o amanhã da nova criação.

O novo céu e a nova terra devem refletir também a obra humanizadora de Deus, e, assim, a imagem humana nelas impressa será o máximo da glória. Daí a necessidade de uma nova consciência. Nova porque não se limita à preservação de espécies em extinção, mas preocupa-se com todo o meio ambiente; nova porque inclui o ser humano como protagonista da defesa e vítima do desequilíbrio; nova, enfim, porque é a exigência humana diante da oferta divina sobre a glória que virá. A vinda dos novos céus e da nova terra pressupõe a intervenção de um novo ato criador divino. Sem essa nova intervenção de Deus, o mundo não chegará a seu cumprimento total. A fé cristã professa que o universo está destinado a participar da própria história íntima de Deus. Aqui, então, vale o princípio: nada se perde, tudo se transforma, e mais, tudo será transfigurado; isto é, passa a figura deste mundo e, em Cristo, tudo entra na glória da Trindade.

Testemunho de vida: *Irmã Dulce,* **um sinal do Reino que virá**

Maria Rita de Souza Lopes Pontes, a Irmã Dulce, nasceu em Salvador, em 1914. Com treze anos, manifestou o desejo de entrar no convento. Na época, já inconformada com a pobreza, amparava miseráveis e carentes. Aos dezoito anos, recebeu o diploma de professora e entrou para a Congregação das Irmãs Missionárias da Imaculada Conceição da Mãe de Deus, em Sergipe. Irmã Dulce voltou a Salvador, onde trabalhou como enfermeira voluntária e professora. Dedicou-se ao trabalho social nas ruas. Começou prestando assistência à comunidade favelada. Mais tarde, fundou a União Operária São Francisco, primeiro movimento cristão operário de Salvador, e depois o Círculo Operário da Bahia, que proporcionava atividades culturais e recreativas. Criou, em 1939, o Colégio Santo Antônio, instituição pública para os operários e seus filhos. No mesmo ano, ocupando um barracão, passou a abrigar mendigos e doentes, levados depois ao Mercado do Peixe, nos Arcos do Bonfim. Desalojados pelo prefeito da cidade, acolheu-os, com a permissão da madre superiora, no galinheiro do Convento das Irmãs Missionárias da Imaculada Conceição, transformado em 1960, em Albergue Santo Antônio, com cento e cinquenta leitos. Inaugurou ainda um asilo e um orfanato, o Centro Educacional Santo Antônio. Faleceu em 13 de março de 1992. Foi beatificada em 22 de maio de 2011 e canonizada, pelo Papa Francisco, em 13 de outubro de 2019. Festa litúrgica em 13 de agosto.

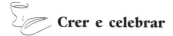 **Crer e celebrar**

Oração da esperança num mundo novo
Deus,
que renovas as coisas,
oramos neste tempo de espera,
para que um novo espírito de interesse pelo outro
estenda seu influxo por toda a terra,
a fim de que todas as nações atuem em favor da criação
e se silencie o estrondo das motosserras,
se extinga a queimada dos bosques,
se purifique a poluição do ar,
se conserve a energia saudável,
se detenha a maré da poluição;
de modo que nossos hábitos destruidores
transformem-se em novas fontes de vida.
Amém.

 Orientações práticas

Cada catequizando poderá fazer uma entrevista com seus familiares e pessoas da comunidade sobre questões relativas ao fim do mundo, à volta de Jesus Cristo, ao julgamento final de Deus, à ressurreição dos mortos, ao Reino de Deus. Trazer as respostas das entrevistas para debater no encontro de catequese, confrontando-as com a Palavra de Deus e o ensinamento da Igreja.

Sumário

Apresentação 5

I

CREIO EM DEUS

1. O que é ter fé? 9
   Papa Paulo VI, o homem de fé 12
2. Deus Pai Criador 15
   São Francisco de Assis, o cantor da criação 19
3. Jesus Cristo, Deus Filho 21
   Santo Atanásio, o defensor da verdade 23
4. Deus Espírito Santo 25
   João XXIII, o Papa Bom 27
5. A Santíssima Trindade 33
   Elisabete da Trindade, uma vida entregue a Deus 36

II

CREIO EM JESUS CRISTO

6. A Virgem Maria, Mãe de Jesus 41
   Bernadete Soubirous, a vidente de Lourdes 46
7. Jesus: Deus no meio de nós! 49
   São Nicolau, o santo do Natal 52

8. Jesus passou fazendo o bem 57
Madre Teresa de Calcutá, a grande benfeitora 61
9. O Pai-nosso 65
Dom Hélder Câmara, o defensor dos direitos humanos 68
10. A morte na cruz 71
Edith Stein ou *Santa Teresa Benedita da Cruz*, a mística e filósofa 75
11. A ressurreição de Jesus 79
Cardeal Van Thuan, uma testemunha da esperança 82

III
CREIO NA IGREJA

12. Querigma: anunciar Jesus 89
Padre José de Anchieta, o catequista 92
13. A Igreja 95
João Paulo II, o Papa Peregrino 99
14. A comunhão dos santos 101
Santa Teresinha do Menino Jesus, a missionária 104

IV
CREIO E CELEBRO

15. Os sacramentos 109
Frei Galvão, um sinal de Deus para os brasileiros 113
16. Batismo 115
João Batista, o Precursor 119
17. Crisma 121
Dom Luciano Mendes de Almeida, um ungido para servir 123
18. Eucaristia 127
São Pio X, o Papa da Eucaristia 130
19. O pecado e o perdão 133
Padre Pio, o santo da compaixão 135
20. Penitência 139
São João Vianney, o confessor de Ars 141

21. Unção dos Enfermos 143
    Madre Paulina, a cuidadora dos doentes 144
22. Matrimônio 147
    Luigi e *Maria Beltrame Quattrocchi*, um casal santo 149
23. Ordem sacerdotal 151
    Santo Alberto Hurtado, o padre dos pobres 153
24. O Ano Litúrgico 157
    São Bento, o pai dos monges 160

V
CREIO NA VIDA ETERNA

25. Morte e vida eterna 165
    Santa Teresa de Ávila, a mística e andarilha de Deus 167
26. Ressurreição ou reencarnação? 171
    Santa Maria Madalena, a testemunha da ressurreição 174
27. Espero o mundo que há de vir! 177
    Irmã Dulce, um sinal do Reino que virá 180

Rua Dona Inácia Uchoa, 62
04110-020 – São Paulo – SP (Brasil)
Tel.: (11) 2125-3500
paulinas.com.br – editora@paulinas.com.br
Telemarketing e SAC: 0800-7010081